RENT OR BUY

THEORETICAL DECISION
AND REALISTIC CHOICE ON
THE HOUSE

任荣荣 著

住房租与买？

理论决定与现实选择

社会科学文献出版社
SOCIAL SCIENCES ACADEMIC PRESS (CHINA)

前　言

实现家庭与住房的匹配，是住房市场有效运行的核心。住房租买选择，是满足家庭住房需求的必要途径。在一个完整的住房市场中，除了少数人通过继承方式获得住房外，绝大多数家庭通过购买或租赁的方式解决居所问题。住房租买选择是房地产经济学领域的一个研究热点，相关研究是分析住房市场需求结构及其变动的基础，可以为住房政策的设计提供重要参考。

经过"房改"以来20多年的快速发展，我国住房市场发展的外部环境和自身供求格局都发生了变化，住房问题和矛盾不断积累，这对进一步深化城镇住房制度改革提出了迫切要求。党的十九大报告明确了深化住房制度改革的总体方向，即"坚持房子是用来住的、不是用来炒的定位，加快建立多主体供给、多渠道保障、租购并举的住房制度，让全体人民住有所居"。建立租购并举的住房制度，是现阶段深化城镇住房制度改革的关键内容。宏观政策的制定需要微观研究基础作支撑。而目前我国住房领域的微观研究相对不足。此外，我国特殊的城乡二元体制、城镇化进程、城镇住房制度改革历程等因素，使得住房市场的租买结构特征及居民的租买选择行为有许多不同于发达国家的地方。这增加了住房问题研究和住房政策设计的复杂性。考虑这些特殊国情因素，研究我国城镇居民家庭住房租买选择的微观机理，对于有序推进租购并举的住房制度建设具有重要的现实意义。

本书在系统梳理国内外有关居民住房租买选择的理论与实证研究的基础上，结合我国经济社会以及住房市场领域特殊的体制机制性特征，利用国家统计局人口普查和抽样调查统计数据以及五城市城镇住户调查微观数据，对我国城镇居民住房租买选择进行了定量研究。研究从国际比较的角度，指出了我国城镇住房市场租买结构的特殊性；通过构建计量经济模型，实证检验并总结了城镇居民住房选择及需求的基本规律、我国特殊制度环境因素对居民住房选择的影响、城市新就业群体和外来务工人员的住房选择及需求特点。研究发现，随着住房市场的建立和发展，我国城镇居民住房租买选择在变化趋势上表现出与发达国家类似的规律性特征，但我国特殊的制度环境及体制机制因素致使住房租买结构和居民家庭需求特点要远比发达国家复杂，需要在住房问题分析中给予关注。

一是城镇居民家庭较高的住房自有率并不是住房市场渐进发展的结果，自建住房和原公有住房（房改房）这两类非市场化住房的影响不容忽视。非市场化住房的获取机会影响着不同年龄和不同户口性质家庭实现住房自有的难度，导致住房矛盾在新就业群体和外来务工人员中表现较为突出。而且，非市场化住房的获取也使得我国不同收入群体住房自有率差异相对较小，城市中等以上收入家庭的住房自有率低于发达国家，这意味着，现阶段我国住房政策的设计仅看收入指标是远远不够的。

二是制度环境因素对居民住房选择的影响是住房政策设计中需要特别关注的。表现为：户籍制度下的住房获取机会不公平通过住房市场被放大，本地户口家庭拥有多套房的比例明显较高；住房公积金制度有助于家庭实现住房自有，助推了住房投资需求，但对当前租赁住房家庭实现住房自有的帮助有限，未来政策需向中低收入家庭倾斜；房价上涨预期导致住房需求被提前释放，加大了住房投资需求倾向，预期的自我实现是资产价格泡沫发生的诱发因素，这意味着合理引导居民预期是现阶段促进住房市场平稳发展的重要方面。

三是城市新就业群体和外来务工人员的住房需求特点具有特殊性，住房政策需提高针对性。新就业群体实现由租转买的购房意愿最强，而且他们的潜在需求以自住需求为主。同时，我国特殊的"房改"制度也带来了新就业群体与其他群体在非市场化住房获取机会上的差异以及获得代际帮助的差异。因此，现阶段对向城市新就业群体的首次置业提供帮助的住房政策有着现实需求，可将它作为一种过渡性的制度安排。外来务工人员的住房选择主要取决于收入水平和居住稳定性，存在通过最小化住房消费支出增加储蓄的倾向。城市外来务工人员流动性较大，住房消费意愿不足，而且部分外来务工人员原本就打算在城市暂居。这些特点都决定了向他们提供供给端支持的住房政策更有效，如提供租赁型住房或单位住房。

四是当前发展住房租赁市场的关键不在于规模增大而在于结构优化。如果仅考虑通过市场化途径获取住房的家庭，则2015年我国城市家庭租赁住房比例超过30%，与欧美国家的平均值大致相当，其中，深圳、广州、北京、上海四个一线城市居民家庭的租赁住房比例分别为79.0%、54.5%、51.4%、43.8%，与纽约、伦敦、东京等世界级大城市50%左右的住房租赁比例不相上下，这表明通过市场化渠道获取租赁住房的家庭比例并不明显低于发达国家。从未来人口年龄结构的变化来看，我国35岁以下主要租房群体的数量总体呈减少趋势，其中，20~24岁和25~29岁的新就业人口数量减少更为明显。这意味着未来住房租赁市场的总体发展速度将放缓。与发达国家相比，我国目前租赁住房供给中机构持有房源比例明显偏低，其关键制约在金融端，未来应通过完善住房租赁信贷产品和积极发展住房租赁资产证券化产品支持长租公寓的发展。

最后，本书基于上述实证研究的主要结论，同时结合住房租赁市场发展的国际经验，从以下几个方面提出有序推进我国租购并举住房制度建设的政策建议：多元化租赁住房供给方式，多措并举发展住房租赁市场；完善税收政策和公共服务供给，推动住房三级市场协同发展；提高城市新就业群体和外来务工人员住房支持政策的针对性；改革现行住房公积金制度。

住房问题涉及面广且影响因素复杂，囿于笔者水平所限，本书研究中难免有不足之处，恳请读者批评指正！此外，本书的研究工作得到北大-林肯研究中心第六届研究基金项目和国家发改委宏观经济研究院基本科研业务费项目的资助，特此致谢。最后，感谢社会科学文献出版社的各位编辑，他们严谨高效的工作使本书得以面世。

目 录

第一章 导 论	001
一 研究背景和意义	001
二 研究目标与研究方案	005
三 研究范围界定	007
第二章 住房租买选择的文献综述	010
一 住房租买选择的基本理论	010
二 住房租买选择的研究方法	015
三 住房租买选择的实证研究	017
四 国内外研究评述	022
第三章 居民家庭住房租买选择的机理分析	023
一 住房租买选择的理论基础	023
二 住房租买选择的主要影响因素	025
第四章 我国城镇居民家庭的住房租买结构特点	030
一 数据基础	030
二 城镇居民家庭住房自有率及其变化特征	031
三 城镇居民家庭住房租赁状况	044

四　城镇居民自有与租赁住房的需求特征 ………………… 051

第五章　我国城镇居民家庭住房租买选择的微观决定机理
　　　　研究 ……………………………………………………… 064
　　一　变量选择及度量 ……………………………………… 064
　　二　城镇居民家庭住房租买二元选择研究 ……………… 066
　　三　城镇居民家庭住房产权细分选择研究 ……………… 073
　　四　城镇居民家庭住房购买意愿选择研究 ……………… 080

第六章　新就业群体和外来务工人员住房选择的实证研究 …… 088
　　一　新就业群体住房现状选择与意愿选择 ……………… 088
　　二　外来务工人员住房现状选择与意愿选择 …………… 092

第七章　住房自有率城市间差异的主要影响因素 ……………… 097
　　一　住房自有率的区域间差异 …………………………… 097
　　二　35个大中城市城镇居民家庭住房自有率及其变化 … 098
　　三　住房自有率城市间差异影响因素的实证研究 ……… 099

第八章　住房租赁市场发展的国际经验与启示 ………………… 106
　　一　租赁房源供给结构 …………………………………… 106
　　二　住房租赁市场监管 …………………………………… 111
　　三　住房租赁信息平台建设 ……………………………… 115
　　四　主要经验与启示 ……………………………………… 117

第九章　有序推进租购并举住房制度建设的政策建议 ………… 119
　　一　正确认识我国城镇居民家庭的住房租买结构特点 … 119
　　二　把握我国城镇居民家庭住房租买选择的基本规律 … 123
　　三　当前租购并举住房制度建设面临的现实难题 ……… 128

四　推进租购并举住房制度建设的政策建议 …………… 130

参考文献 ………………………………………………………… 136

附录1　住房价格指数与住房租金指数的 Hedonic 模型
　　　　估计结果 ……………………………………………… 143

附录2　我国住房租赁市场发展的相关政策 ……………… 149

附录3　我国长租公寓行业长远发展的关键在金融端 …… 168

第一章
导 论

一 研究背景和意义

(一) 住房租买选择是房地产经济学领域的一个研究热点

实现家庭与住房的匹配,是住房市场有效运行的核心。住房租买选择,是实现家庭住房需求的必要途径。在一个完整的住房市场中,除了少数人通过继承方式获得住房外,绝大多数家庭通过购买或租赁的方式解决居所问题。而且,住房消费支出是多数家庭预算中的最大组成部分,这就决定了家庭通常需要经过一定的储蓄积累才能购买住房,在住房消费方式上表现为先租后买。租赁与购买是住房市场中居民的两种最基本的消费行为,二者缺一不可,具有互为补充和协同变化的特征。住房租买选择是房地产经济学领域的一个研究热点,相关研究是分析住房市场需求结构及其变动的基础。

(二) 住房市场租买结构特征受住房政策和制度环境的影响较大

住房市场的租买结构是一个复杂的社会现象,受到法律、经济、政治和文化等多方面因素的影响,并不能完全用经济因素解释 (Fisher and Jaffe, 2003)。除家庭偏好和实际需求外,不同国家的住房政策、制度环境以及文化背景,也是影响住房市场租买结构的关键因素。北美与欧洲部分国家住房市场租买结构的较大差异 (见表1-1) 在很大程度上说明了这一点。住房市场的租买结构反映了不同国家和地区住房政策及制度环境因素的影响。

表 1-1　北美与欧洲部分国家住房市场租买结构

单位：%

国　　家	自有住房	租赁社会出租房	租赁私人出租房	其他	调查年份
德　　国	41	6	49	5	2001 年
捷克斯洛伐克	47	19	10	24	2001 年
丹　　麦	53	19	18	9	1999 年
荷　　兰	53	35	12	0	1998 年
瑞　　典	55	21	24	0	1997 年
法　　国	56	17	21	6	2002 年
奥地利	57	23	17	3	2001 年
芬　　兰	64	17	15	4	2001 年
加拿大	66	6	28	0	2001 年
美　　国	68	2	30	0	2002 年
英　　国	70	20	10	0	2001 年
比利时	74	7	16	3	1999 年
葡萄牙	76	7	15	2	1999 年
冰　　岛	78	2	5	16	2003 年
希　　腊	80	0	20	0	2001 年
斯洛文尼亚	82	7	3	9	2002 年
立陶宛	84	4	5	7	2002 年
匈牙利	92	4	3	1	2003 年

资料来源：Scanlon, Kathleen, Christine M. E. Whitehead, "International Trends in Housing Tenure and Mortgage Finance," 2004。

国际学术界对住房选择的研究已有相当的基础，但由于各国住房政策的不同，住房选择环境存在较大差异。因此，关于住房租买选择的研究，仍需不断扩大实证案例范围。考虑中国住房领域的转轨现实和特殊的体制机制因素，研究我国居民住房租买选择行为，可以为该领域的研究提供国际比较案例。

（三）住房市场的建立和发展为研究我国居民家庭住房租买选择行为提供了基础

住房制度改革之前，我国多数家庭租住单位公房，不具备进行住房租买选择的条件。住房市场的建立和发展，为居民住房租买选择提供了机会。根据国家统计局全国人口普查和全国1%人口抽样调查数据，自1998年稳步推进住房商品化、社会化的住房制度改革实施以来，我国城镇居民家庭住房来源结构发生了很大变化（见图1-1）。2000年，我国城镇居民家庭中，购买商品房和租赁商品房的家庭占

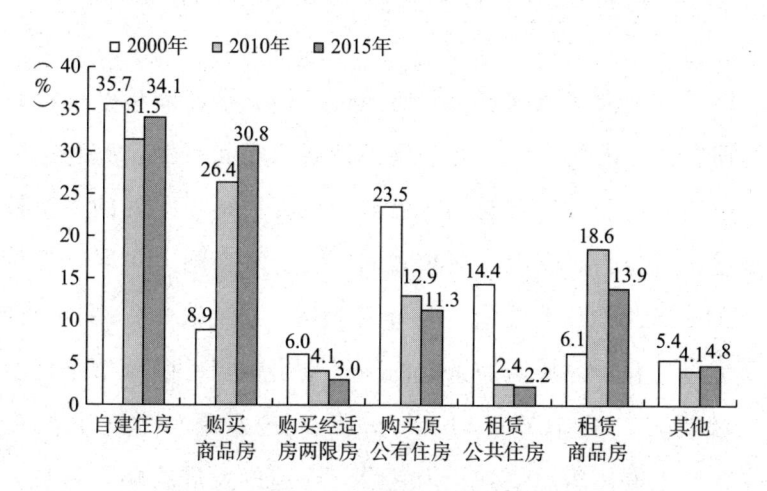

图1-1 城镇居民家庭住房来源结构的变化

注：2010年全国人口普查的问卷设计中，住房来源分为自建住房、购买商品房、购买二手房、购买经济适用房、购买原公有住房、租赁廉租住房、租赁其他房和其他，为保持口径的统一可比并结合各指标内涵，这里将购买商品房和购买二手房合并为购买商品房，将租赁廉租住房等同于租赁公有住房，将租赁其他住房等同于租赁商品房。2015年全国1%人口抽样调查中，住房来源分为自建住房、购买新建商品房、购买二手房、购买原公有住房、购买经济适用房限价房、租赁廉租房公租房、租赁其他住房和其他，为保持口径的统一可比并结合各指标内涵，这里将购买新建商品房和购买二手房合并为购买商品房，将租赁廉租房公租房等同于租赁公有住房，将租赁其他住房等同于租赁商品房。

资料来源：2000年和2010年全国人口普查资料、2015年全国1%人口抽样调查资料。

比分别仅为8.9%和6.1%，也就是说，仅有15.0%的家庭通过市场化途径获取住房，而接近60%的家庭通过购买原公有住房和自建住房的方式获得自有住房。2010年，购买和租赁商品房的家庭所占比例分别快速提升至26.4%和18.6%，二者合计达到45.0%，其中，城市范围内该比例超过50%，市场化途径成为城镇居民家庭获取住房的主要方式。2015年，通过市场化途径获取住房的家庭占比大致保持在2010年的水平。这为研究居民住房租买选择提供了很好的基础。

（四）把握居民住房选择行为特征对于住房政策的设计具有重要参考意义

在世界上绝大多数国家，政府通过各种直接或间接的优惠政策鼓励家庭拥有自己的住房，以达到维护社会稳定和帮助家庭积累财富的目的。但这种鼓励住房自有的政策取向是否取得了很好的经济效益和社会效益，目前的研究尚存在较大的争议。联合国人居署（UN-HABITAT）的研究指出，当自有住房相对租赁住房的成本偏高时，如果过度强调住房自有，容易增加家庭的住房支出负担，降低整个社会对住房的支付能力。UN-HABITAT认为，政府应重新审视它们的住房政策，改变对租赁住房的偏见，为它设计合适的发展策略。可见，为居民家庭的住房租买选择提供良好的制度环境，是各国住房政策的一个重要关注点。

经过"房改"以来20多年的发展，我国城镇居民家庭住房条件明显改善。2015年，城镇居民家庭人均住房面积达到35.27平方米，比1998年"房改"之初增加了近17平方米；居民家庭人均住房间数达到1.07间，实现了"人均一间房"的居住标准；居民家庭住房自有率达到79.2%。但同时，住房领域的结构性矛盾日益突出，住房资源占有不均衡、居民住房支付能力持续下降、住房租赁市场发展不规范等问题加剧。这对进一步深化城镇住房制度改革提出了迫切要求。

党的十九大报告提出，"坚持房子是用来住的、不是用来炒的定位，加快建立多主体供给、多渠道保障、租购并举的住房制度，让全体人民住有所居"。建立租购并举的住房制度是我国当前深化城镇住房制度改革的关键内容。而宏观政策的科学制定需要微观研究基础作支撑。研究居民住房租买选择的影响因素以及不同家庭的租买选择倾向，可以为解释居民住房消费行为、分析住房市场需求特征及其未来变化提供参考，有助于我们了解不同的住房政策对不同群体住房消费行为的影响程度，这些对于住房政策的设计具有重要的参考价值。

二 研究目标与研究方案

（一）研究目标

本书旨在研究我国城镇居民住房租买选择行为及其影响因素，包括自有住房家庭和租赁住房家庭的住房消费特征与群体特征，不同群体住房需求的消费与投资倾向，不同群体的住房现状选择与未来购房意愿选择。主要研究目标包括以下四点。

第一，从宏观层面分析我国城镇居民家庭住房租买结构特征并进行国际比较。居民家庭的住房租买选择行为在宏观层面上表现为住房租买结构，研究中也经常采用住房自有率这一指标来反映住房租买结构。这是住房研究领域分析住房状况的一个重要方面。住房租买结构受不同国家和地区住房政策和制度环境的影响较大。本书将考虑我国体制机制性因素，并通过国际比较，分析我国城镇居民家庭住房租买结构的特殊性。

第二，利用城镇住户抽样调查微观数据系统揭示我国城镇居民住房租买选择行为特征及其影响因素。从已有文献研究结果来看，目前关于中国城镇居民住房租买选择的实证研究不多，仅有的几篇代表性研究使用数据都偏早，甚至是 1998 年之前的数据。住房制度改革以来20多年，我国住房市场发展飞速，其外部环境也发生了重大变化。考虑这些变化因素，本书利用2010年五城市城镇住户调查数据，重新审视我国城镇居民住房租买选择行为及其影响因素，以丰富已有的研究成果。

第三，分析住房问题突出的两类特殊群体——新就业群体和外来务工人员的住房选择特征及其影响因素。我国特殊的"房改"背景以及城乡二元管理体制，使得在住房市场快速发展过程中，城镇新就业群体和外来务工人员的住房问题突出，而且与其他发达国家有诸多不同之处。目前，我国住房政策中明确提出，要着力解决新就业群体和外来务工人员的住房问题。住房政策的有效设计，需要建立在对特殊群体住房需求特征把握的基础上。已有文献对我国外来务工人员住房租买选择的研究不多，对新就业群体住房租买选择的研究几乎空白。本书可以弥补这方面的不足。

第四，为住房政策的设计和完善提供参考。住房是一种生活必需品，确保人人有房住，是世界各个国家和地区住房政策的共同目标。但"人人有房住"并不意味着"人人有住房"，租赁和购买都是实现住有所居目标的途径。构建符合国情的租买并举的住房消费模式，是我国住房政策的一项重要内容。本书对居民家庭以及不同群体住房租买选择行为特征的研究，可以为解释居民住房选择行为、分析住房需求特征及未来变化提供基础，进而为住房政策的设计和完善提供参考。

（二）研究方法与技术路线

本书采用理论分析与实证研究相结合的研究方法。理论分析方面，主要是在对国内外相关研究进行系统梳理的基础上，借鉴国外成熟的住房租买选择理论分析模型，同时考虑中国特殊的制度环境因素，构建我国城镇居民住房租买选择的理论分析框架。实证研究方面，利用微观数据资料，通过构建计量经济学分析模型，从住房租买二元选择、住房产权细分选择、住房购买意愿选择三个维度，揭示我国城镇居民以及新就业群体和外来务工人员住房租买选择的影响因素。在上述微观研究的基础上，结合住房租赁市场发展的国际经验与启示，提出有序推进租购并举住房制度建设的政策建议。研究遵循的技术路线如图1-2所示。

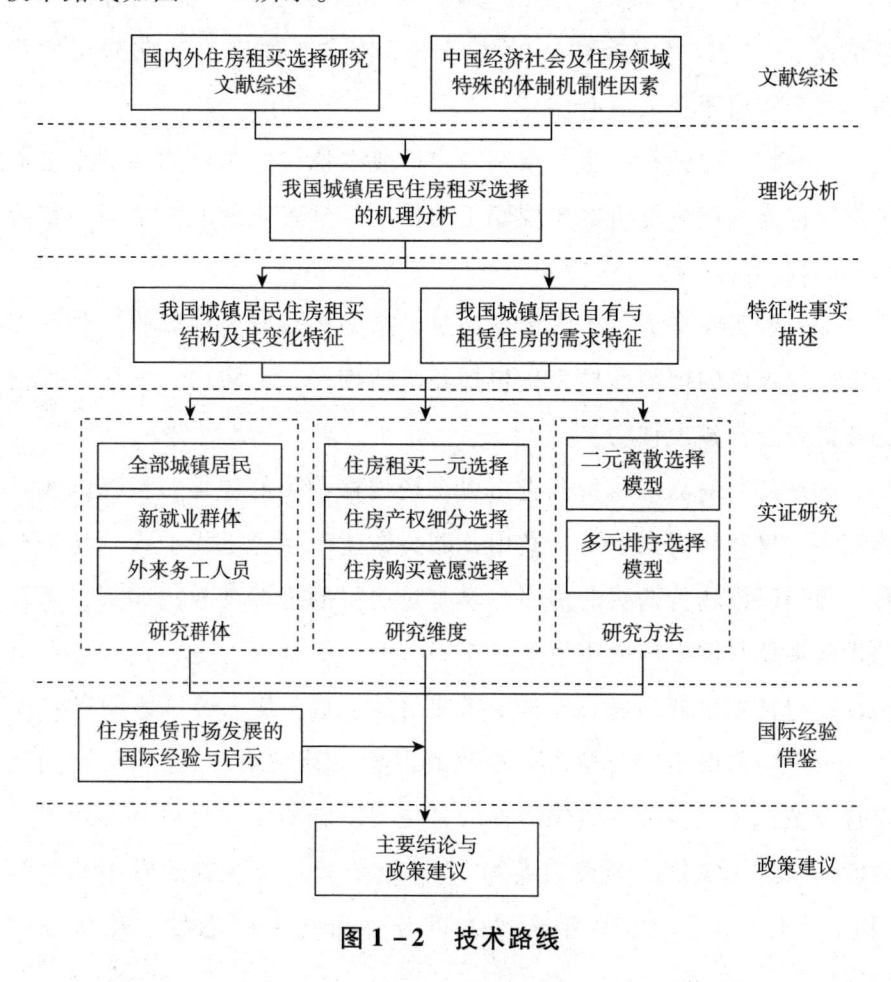

```
文献综述：  国内外住房租买选择研究文献综述 ← 中国经济社会及住房领域特殊的体制机制性因素
                          ↓
理论分析：  我国城镇居民住房租买选择的机理分析
                          ↓
特征性事实描述：  我国城镇居民住房租买结构及其变化特征 / 我国城镇居民自有与租赁住房的需求特征
                          ↓
实证研究：  
  研究群体：全部城镇居民 / 新就业群体 / 外来务工人员
  研究维度：住房租买二元选择 / 住房产权细分选择 / 住房购买意愿选择
  研究方法：二元离散选择模型 / 多元排序选择模型
                          ↓
国际经验借鉴：  住房租赁市场发展的国际经验与启示
                          ↓
政策建议：  主要结论与政策建议
```

图1-2　技术路线

三　研究范围界定

尽管国家统计局人口普查和城镇住户调查中对住房产权来源的称

谓不尽相同，但其内涵基本一致。总体来看，我国城镇居民家庭住房来源分为七类：自建住房、购买商品房、购买经济适用房限价商品房、购买原公有住房、租赁廉租公租住房、租赁市场房和其他。各类住房来源的含义分别为[①]：

——自建住房，在城镇住户调查问卷中被称为"原有私房"，是指调查户个人自筹资金建造的住房、祖传或在住房改革前购买的住房，其产权属于个人所有。

——购买原公有住房，指调查户以成本价或优惠价购买的企事业单位原作为福利分配给本单位职工的住房，享有对房屋的全部产权或部分产权。

——购买经济适用房限价商品房，指购买政府为中低收入住房困难家庭所提供的保障性住房，包括经济适用房、两限房、安居工程住房和集资合作建设住房。

——购买商品房，指调查户以市场价格购买的住房，包括购买新建商品住房和购买二手房。其中，购买新建商品房是指个人从房地产开发部门以市场价购买的房屋，享有对房屋的全部产权；购买二手房是指购买那些进入房屋市场进行交易，第二次及以上进行产权登记的房屋，包括二手商品房、允许上市交易的已售公房、经济适用房。

——租赁廉租房公租房，指政府以租金补贴或食物配租的方式，向符合城镇居民最低生活保障标准且住房困难的家庭提供社会保障性质的住房。城镇住户调查问卷和2000年全国人口普查问卷中称之为"租赁公有住房"，2010年全国人口普查问卷中称之为"租赁廉租住房"。

——租赁市场房，指调查户向私人、单位或房地产开发部门租借

---

① 参考五城市城镇住户调查、全国人口普查和全国1%人口抽样调查问卷的指标解释。

并按市场价格缴纳房租的住房。2000年全国人口普查问卷中称之为"租赁商品房",2010年全国人口普查和2015年全国1%人口抽样调查问卷中称之为"租赁其他住房"。

——其他,指不属于以上六类住房来源分类的其他住房。

本书主要研究市场条件下家庭的住房租买选择行为,因此,以购买商品房和租赁市场房的家庭为主要研究对象。但在特征性事实描述部分,将从全面的角度进行分析,包括市场化住房和非市场化住房两部分。本书研究范围的界定如图1-3所示。

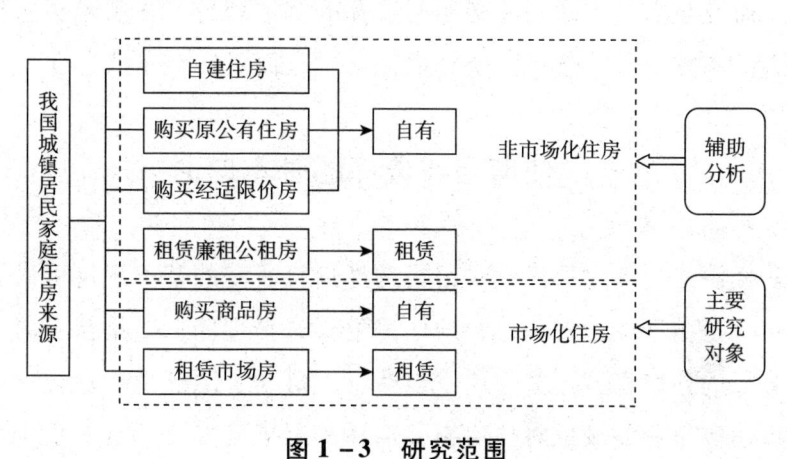

图1-3 研究范围

第二章
住房租买选择的文献综述

住房租买选择是住房需求研究的重要组成部分，是房地产经济学领域的研究热点。本章从住房租买选择的基本理论、住房租买选择的研究方法和住房租买选择的实证研究三个方面对已有文献进行综述。

一 住房租买选择的基本理论

从经济学角度对居民住房租买选择进行研究的基本理论可以分为两类：一是基于成本费用分析的住房租买选择理论；二是基于消费者效用分析的住房租买选择理论。当然，人口学、地理学、社会学、认知心理学等学科领域也对住房租买选择开展了研究。本章侧重于从经济学角度对居民住房租买选择的研究文献进行综述。

（一）基于成本费用分析的住房租买选择理论

基于成本费用分析的住房租买选择理论认为，住房租赁与住房购买的成本比较是影响家庭做出租买决策的关键因素，决策的原则是成本最小化。该理论假设自有住房与租赁住房所提供的服务是可以完全替代的。因此，理性消费者的租买决策取决于他对自有住房的持有成本与租赁住房的租金支出的权衡。从长期来看，当住房市场达到均衡时，租金支出应与持有成本相当。这是利用租金售价比对房地产市场与经济基本面协调性进行评价的理论基础。

Shelton（1968）最早构建了住房自有与租赁成本比较的定量分析

框架，并进行了实证研究。其基本分析思路为：

承租者的租金支付＝房主的成本支出＝房产税（1.5%）＋维护成本（1%~1.5%）＋折旧成本（0.5%~1%）＋空置成本（0.3%）＋管理成本（0.6%）＋按揭成本（3%）＋投资回报（4%）。其中，假设按揭比例为住房总价的50%，按揭利率为6%，社会评价投资回报为8%，由此可得，房主按揭成本＝50%×6%＝3%，房主的投资回报＝50%×8%＝4%。

住房购买者的自住成本＝房产税（1.5%）＋维护成本（0.75%~1%）＋折旧成本（1%~1.5%）＋按揭成本（3%）＋住房权益投资的机会成本（2.67%）＋交易成本（7%/N）。其中，住房交易成本在住房出售时一次性发生，因此，分摊到每年的成本为7%/N，N为从住房购买到出售的时间；如果N无限长，则分摊到每年的交易成本可以忽略不计。

公式中参数的经验取值根据美国住房市场的实际运行状况以及相关研究得出，为了便于比较，各部分均换算成房价的百分比。两公式中有三个相同的参数但取值不同：一是维护成本，通常认为，自住者比租赁者会更爱惜房屋，因此，自住者的维护成本要小一些；二是折旧，由于出租房屋的房主可以享受税收抵扣，因此，其折旧成本要低一些；三是住房权益投资的机会成本，由于住房购买者的权益投资免缴所得税，而房主的租金收入要缴纳所得税，因此，前者要小一些。

Shelton（1968）的实证研究发现，从长期来看，住房持有成本约相当于房价的10%，而住房租金支付约相当于房价的12%，这意味着，如果长期自住的话，购买比租赁从经济意义上来说更划算。在该研究的参数假定下，如果消费者预计在一处住房居住的时间超过4

年,那么,买房比租房更合算。当然,这个数字是基于美国住房市场状况得出的经验判断,并不具有普遍适用性。但其研究结果告诉我们,决定住房购买与租赁选择的关键因素是在某处住房居住时间的长短,而不是很多人认为的资本升值。有以下几个原因,可能会使消费者选择住房租赁:第一,购房首付款和月供的约束;第二,家庭居住流动性较强或只打算在某处住房暂时居住;第三,市场中租赁住房更适合家庭特征,如美国的一口或两口之家倾向于租房,因为市场中小户型的出租公寓可获得性好。

Mills(1990)在回顾已有关于住房租买选择的微观经济学研究的基础上,从投资学的角度构建了住房租买选择的分析模型,并进行了数值分析。其基本思想是:如果购买住房的现金流支出的折现值小于租赁住房现金流支出的折现值,则家庭将选择购房,反之,则选择租房;现金流支出受税收体系、交易成本和居住时间的影响,同时,决定折现值的一个关键因素是折现率(Discount Rate)。已有研究对住房投资风险的大小仍有较大争议,目前尚无定论。

在 Mills(1990)的分析模型中,如果家庭选择购房,则现金流支出的折现值为 $PV_{H0} = \sum_{t=1}^{T} \frac{R_{Ht}}{(1+r_E)^t} - \frac{V_{HT} - M_T - C_{HT}}{(1+r_E)^T} + (C_{H0} + V_{H0} - M_0)$;如果家庭选择租赁住房,其现金流支出的折现值为 $PV_{L0} = \sum_{t=1}^{T} \frac{R_{Lt}}{(1+r_E)^t} + \frac{C_{Lt}}{(1+r_E)^T} + C_{L0}$。式中,下标 H 和 L 用于区分住房自有和租赁;下标 0 代表住房购买时点,下标 T 代表家庭从住房购买到出售的时间;r_E 代表折现率;C 代表住房交易成本;V 代表住房价值;M 代表住房按揭额度;R 代表租金,住房自有者的租金用使用成本来代替。

在给定的参数假定下,该研究认为,如果消费者预计在某处住房居住的时间超过 7.5 年,则购房比租房更划算。但这一结果受参数取值的影响较大,特别是市场租售比、房价涨幅。在该模型中,如果市场租售比下降1个百分点(由7%降为6%),则消费者在某处住房的居住时间至少达到23.5年,购房才会更划算;如果房价年均涨幅上升1个百分点(由5%提高到6%),则居住时间超过4.5年时,买房比租房划算,如果房价涨幅上升2个百分点,则买房决策的最短居住时间可进一步缩短至3.3年。

Poterba(1992)提出了更简单的住房持有成本的计算方法,即住房持有成本=(按揭利率+房产持有税率+住房维修及折旧率+风险溢价率-预期房价增长率)×住房价格。该公式在很多关于住房租售比的研究(OECD,2006;Wu et al.,2010)中被采用。

成本费用分析最早用于住房租买选择的理论研究,但该理论存在以下两点缺陷。(1)由于数据可得性的约束,很多成本难以量化,参数假定不同,得出的结果相差较大。(2)没有考虑非财务成本因素的影响。住房市场的租买结构并不能完全用经济因素解释,受到法律、经济、政治和文化等多方面因素的影响(Fisher and Jaffe,2003)。如已有研究发现,住房自有者能够促使家庭更积极地参与社区活动,融入社区生活;住房自有者可以按照自己的喜好对住房进行装饰;自有住房家庭对子女教育更有利;存在文化观念等导致的家庭购房偏好。这些因素,很多在成本费用分析框架下难以考虑。

(二)基于消费者效用分析的住房租买选择理论

由于成本费用分析理论的客观约束,已有文献探索从其他角度解释住房租买选择行为。Henderson和Ioannides(1983)以及Fu(1991)指出,除了租房与买房的成本差异外,分期付款时可能存在的流动性约束以及投资风险,也是影响居民住房租买选择的主要经济因素,购房者需要面临财务风险和资产流动风险,它们容易降低家庭流动性。Huang和Clark(2002)的研究指出,消费者对住房的租买决策不仅是一种单纯追求经济利益最大化的决策结果,还与决策者的年龄、身份、家庭规模以及价值观念等息息相关。居民家庭住房租买选择决策不能简单从成本收益的角度来分析,从效用最大化的角度展开分析更接近现实。

效用经济学理论认为,人们的消费行为是在预算约束条件下、在众多商品和服务的组合中追求效用最大化的过程。基于消费者效用分析的住房租买选择理论的基本思想为,在预算约束下,消费者根据住房自有与租赁给他带来的效用的大小做出租买选择决策。由于信贷、税收政策环境以及住房购买与租赁价格的不同,消费者面临不同的预算线,因此,租赁与购买两种情况下,消费者获得的最大效用不同。

从效用最大化角度进行住房租买选择研究的最具代表性文献可追溯到20世纪80年代,即Henderson和Ioannides(1983)的研究。其模型的两个假设条件是:第一,消费者追求多期效用方程的最大化;第二,第1期的住房消费产生的使用成本仅在第2期发生,即采用两期模型的形式。

如果消费者选择购买住房,则其效用最大化方程为:

$$\max\{U[x, f(u)]h_c + V(w)\}$$
$$\text{subject to} \begin{cases} y_1 = x + Ph_c + S \\ w = y_2 + S(1 + r) + Ph_c - T(u)h_c \end{cases}$$

式中,$U(\cdot)$为消费者从第1期消费中获得的效用,$V(\cdot)$为第1期消费后剩余财富的间接效用;y_1是消费者在第1期的收入,x是第1期中其他商品的消费,h_c是住房消费量,u是住房使用率,$T(u)$是自有住房使用过程中发生的相关成本,S是第1期的储蓄,可以获得市场利率r,P是单位住房消费的价格,y_2是消费者在第2期的收入。消费者通过选取住房消费量、其他商品消费量、储蓄、住房使用率的组合,实现效用最大化v^*。

如果消费者选择租房，则其效用最大化方程为：

$$\max\{U[x,f(u)]h_c + V(w)\}$$
$$\text{subject to}\begin{cases} y_1 = x + Rh_c + S \\ w = y_2 + S(1+r) - t(u)h_c \end{cases}$$

式中 R 是单位住房消费的租金，$t(u)$ 是租赁住房使用过程中发生的相关成本；其他变量的含义同前。同样，消费者通过选取住房消费量、其他商品消费量、储蓄、住房使用率的组合，实现效用最大化 $\tilde{v}$。

如果 $v^* > \tilde{v}$，则消费者选择买房；反之，则选择租房。

二　住房租买选择的研究方法

数据基础和模型选择是实证研究的两个关键。本节从这两个角度对已有文献中关于住房租买选择的研究方法进行综述。

（一）静态分析和动态分析方法

根据实证研究使用的数据形式的不同，住房租买选择的研究方法分为静态分析方法和动态分析方法（虞晓芬，2007）。

静态分析方法中实证研究采用的数据为截面数据。根据模型中解释变量与被解释变量是否存在割裂，静态分析又可分为实时静态分析和延迟静态分析。实时静态分析指通过调查正在或刚刚购买和租赁住房的家庭，研究租买选择的影响因素；延迟静态分析指通过调查某一时点上已经购买和租赁了住房的家庭，研究租买选择的影响因素。在延迟静态分析中，租买选择结果与影响因素在时间上并不是完全对应的，也就是说，当前的租买结果可能是在过去做出的。但实时静态分析可能存在选择性偏差的问题。

动态分析方法中实证研究所采用的数据为面板数据。正是由于数据上的优势，动态分析除了可以研究静态分析能研究的问题外，还可以分析房价变化、利率变化、信贷条件、通货膨胀、人口迁移等宏观政策因素对居民住房租买选择的影响。

（二）住房租买选择研究的计量模型

离散选择模型（Discrete Choice Model）是在经济学领域分析租买决策的经典模型。该模型认为，租买决策的影响因素包括两部分，即决策者的属性和备选方案的属性。该模型的基本思路是：通过概率分布的选择实现对效用模型的估计。离散选择模型广泛应用于住房租买选择的研究中，常用的模型包括二元离散选择模型和多元排序选择模型。

随着住房租买选择研究的不断深入，模型形式也逐步复杂化和多元化。Raya 和 Garcia（2012）将已有文献中关于住房租买选择的计量模型分为六种。（1）经典模型（Classical Model），模型的基本内涵是，在某一给定时点，居民家庭的住房租买选择决策主要取决于其个体特征。该模型的主要缺陷是，用当前时点的个体特征解释之前的租买选择决策，因此，理论上可能存在有偏的问题。（2）马尔科夫模型（Markov Model），该模型在解释给定时点的租买选择决策时，引入个体前一时点的租买状态。其缺陷是，仍然无法准确获得租买决策时点上个体特征的影响。（3）近期迁移者模型（Recent-mover Model），为更好地揭示个体特征对个体当前时点的租买选择决策的影响，该模型以近期迁移者为样本，这使得该模型存在明显的选择性偏误问题。（4）次序模型（Sequential Model），该模型将未迁移者引入样本，但模型结果仍只能反映发生迁移者的租买选择决策。（5）持时模型（Duration Model），该模型以个体是否发生租买状态转变为被解释变量，样本覆盖迁移者和未迁移者，可以捕捉个体从租赁转为购买的决策影响因素。（6）基于选择的模型（Choice-based Model），该模型的基本内涵与持时模型相同，只是对在观察期内发生租买状态转变的样本赋予更高的权重。

在最初对住房选择的研究中，通常假定各项选择是相分离的。后来，学者逐渐认识到家庭进行住房选择是一个统一的过程，多项选择可能互相影响。这使得多层次模型（Multilevel Model）被应用于住房租买选择的实证研究中。其中，两层模型的使用最为普遍。Li（2000）、Huang 和 Clark（2002）的实证研究中就采用了多层次模型。

总体而言，住房租买选择研究的实证研究方法已相对成熟。研究中，通常基于数据基础，选取最合适的模型。

三　住房租买选择的实证研究

从选择行为发生时点的角度，住房租买选择分为现状选择和意愿选择。从数据基础的角度，相关实证研究可以分为基于微观数据的研究和基于宏观数据的研究。本书认为，前者的划分角度更有利于对已有文献的梳理和对比分析。

（一）关于住房租买现状选择的研究

Li（2000）以广州和北京为例，研究了新建住房市场中家庭的租买选择问题。研究中考虑的租买选择的影响因素包括家庭生命周期、户主职业、户主工作年限、单位所有制类型、户主受教育程度、户主是不是党员、家庭收入、家庭工作人口数、户主是否有第二份工作、家庭户口状况。研究认为，中国的租房市场是被分割的，在不同的子市场中影响租买选择的因素不同：商品住房市场中租买选择行为与西方国家类似，而在带有补贴性质的住房领域，租买选择的影响因素却有很大差异，职业是一个重要的影响因素。他认为，福利分配制度仍然对家庭住房租买选择有显著影响，即使在经济很发达的城市亦是如此。该研究主要集中在新建住房领域，并未涉及存量住房。

Huang和Clark（2002）将住房租买选择的相关研究分成两类：一是从经济学角度的研究，认为住房自有不仅是一种消费决策，而且是一种投资决策，住房租买决策取决于预算约束下的效用最大化，该类研究认为家庭收入、资产以及租买相对价格是影响租买选择决策的主要因素；二是从人口学、地理学及社会学角度的研究，该类研究认为住房租买选择不仅是简单的消费或投资决策，而且是与家庭特征和住房市场变化相关联的复杂事项，同时经济环境的变化（如物价上涨、按揭比率的变化等）也会影响居民的租买选择。Huang和Clark（2002）基于1996年住房调查数据，实证研究了中国住房制度改革过程中城市居民住房租买选择的影响因素，发现，社会经济特征（如年龄、家庭规模、家庭收入以及住房价格等因素）对租买选择的影响同西方国家类似，但同时，一些制度性因素（如户籍状况、工作级别、工作单位级别）是转型经济国家影响居民租买选择的特殊因素。

郑思齐（2007）将国际学者关于住房租买选择影响因素的变量选取归纳为家庭特征和住房特征两大类，前者主要包括反映家庭偏好及支付能力的收入、财富和人口统计特征变量，后者主要包括关于租买相对成本的变量，如住房价格（或所有权成本）、租金等，均采用同质价格口径。她利用国家统计局城调队2002年住户调查中辽宁、广东和四川三省的微观数据，对家庭住房租买选择现状做了实证。研究结果表明，收入较低、年轻和流动性较强这三类家庭更倾向于选择租赁住房；家庭根据自有与租赁住房的相对成本进行理性选择，住房投资需求开始出现；就业领域的差异没有对租买选择行为产生明显影响；市场成熟度会显著影响家庭的租买选择行为，存量交易越活跃的城市，家庭选择住房自有的概率越大，租赁市场越活跃的城市，家庭选择住房自有的概率越小。但她选取的市场成熟度指标具有内生性问题。

虞晓芬（2007）在《居民住宅租购选择及其弹性研究：以杭州市为对象》一书中，对截至 2005 年的国内外有关住房租买选择的实证研究文献进行了系统而全面的综述，这是目前国内对居民住房租买选择问题进行的最为全面的研究。在综合已有研究的基础上，她以杭州市正在购买或租赁住房的居民为研究对象，采用实时租买静态分析方法和 Logit 模型，从成本费用、家庭特征、住宅属性和心理因素等方面对家庭住房租买选择进行了实证研究。实证研究结果显示，家庭收入、家庭净资产、在杭州居住时间、住房面积、区位条件、小区环境与购房概率呈正相关，已婚家庭、户主为杭州户口的家庭、户主职业稳定的家庭、对房价持上升或稳定预期的家庭、未来迁移可能性小的家庭、认为拥有自己产权的住房更有家的归宿感的家庭，购房可能性大。房价上升、房价租金比的提高会抑制居民购房。而户主年龄、户主的学历对家庭租买选择的影响不显著。该研究仅局限于杭州，无法考量城市特征对住房租买选择的影响。

潘虹（2008）在对国内外文献进行综述的基础上，将住房租买选择的影响因素分为宏观因素和微观因素。其中，宏观因素包括税收政策和信贷政策、政府的经济补助政策、其他特殊政策、通货膨胀和利率变动；微观因素包括从供给角度选取的住宅特征（如房龄、面积、修缮情况、使用年限等），从需求角度选取的家庭人口特征（如人口统计因素和生命周期等）、家庭经济特征（如家庭收入和财富积累等）、户主心理特征（如个人偏好、对房价的预期和迁移可能性等），以及从价格角度选取的房价租金比、房价收入比等。该研究以上海市为例，从住宅特征、人口特征、经济特征和心理特征四个维度选取住房租买选择的影响因素进行实证研究，发现：住房总价、房龄、住区环境、总价租金比、户主学历、户主户口、工作年限、家庭净资产、资助人、迁移可能性、收入稳定性及归宿感，是居民住房租买选择的最为显著的影响因素。该研究虽然总结了住房租买选择的宏观影响因素，但由于数据基础的约束，在实证研究中尚未将这一因素纳入。

朱丹（2006）从宏观层面研究了住房自有率变化的影响因素，分为制度性因素和经济社会因素两个方面。其中，制度性因素主要是指"房改"制度的影响。在实证研究中，论文以住房自有率变化率作为被解释变量，以房租价格比的增长率、拥有住房的投资利得和城镇化率变化率为解释变量，基于9个省市的截面数据构建线性回归模型，分析居民住房租买选择的影响因素。由于样本量过小，该研究的实证结果缺乏说服力。

Li等（2009）基于对太原市外来务工人员住房状况的调查，指出外来务工人员在住房选择上有以下特征：第一，外来务工人员当前的住房选择与中国转型经济的特殊环境有关，这一背景将随着时间的推移而改变；第二，外来务工人员的住房选择附属于就业的考虑，偏好于与工作相配套的住房；第三，雇主提供住房是外来务工人员住房的一个重要来源，对雇主提供的住房质量进行管理，是改善外来务工人员居住条件的一个重要方面；第四，促进外来务工人员市民化的政策应致力于减少外来务工人员在城市居住的成本。

此外，还有一些研究主要关注住房租买选择某一方面的影响因素。Li和Li（2006）从家庭生命历程的角度对住房产权由租向买转变的影响因素进行了纵向分析，发现：家庭婚姻状态的变化和工作的变化是关键影响因素。樊潇彦等（2007）从居民耐用品消费角度的研究表明，永久收入的上升将显著提高家庭购买耐用品的概率，而收入风险的上升将对家庭耐用品的消费有显著的抑制作用。崔裴和严乐乐（2010）认为，居民住房租买选择以租、买住房所提供的住房服务完全可替代为前提，但中国住房租赁市场供给主体的非企业、非职业化特征，致使出租住房与自有住房所提供的住房服务不可充分替代，因而，住房租买选择机制在中国缺失，这是影响居民住房租买选择行为的关键因素。周京奎（2011）着重检验了收入不确定性对家庭住宅权属选择的影响，发现，随着家庭面临收入不确定性概率的增加，家庭拥有住宅的概率会相应下降，而且，社会经济地位较低的家庭受收入不确定性的负向影响更显著。研究建议，通过构建住房梯级供给机制与需求过滤机制来降低收入不确定性的负向影响。王辉龙和王先柱（2011）对南京市居民家庭住房租买选择的定量研究表明，在控制家庭特征和住房特征变量后，较高的房价租金比将降低家庭购买住房的概率。

（二）关于住房租买意愿选择的研究

与住房租买的现状选择相比，住房意愿选择的研究明显偏少。从文献检索来看，目前仅有两篇代表性的研究。

Fu等（2000）利用1996年社会调查数据研究了在中国住房市场逐渐形成过程中，城市职工的住房租买选择问题。研究发现，城市职工购买商品住房意愿的主要影响因素包括住房不匹配程度、流动性约束、对待风险的态度、是否有获得公房的机会以及商品住房价格等；能够接触到公有住房资源的家庭选择购买商品住房的意愿明显较弱，这阻碍了住房市场的发展。

郑思齐（2007）基于2004年北京市居住在城八区的家庭的住房租买选择行为调查，利用排序离散选择模型研究了家庭购房意愿。实证研究表明，商业住房抵押贷款已在提高家庭支付能力方面发挥显著作用，而住房公积金的效应很微弱；住房补贴并未发挥提高居民支付能力的实质性效应；住房消费需求和投资需求均是促进家庭购买市场化住房的重要因素；"房改"住房中的家庭购房意愿较强。

四　国内外研究评述

国外学者已开展了较多关于住房租买选择的研究，研究理论和研究方法也相对成熟，但对中国住房市场中居民家庭租买选择的研究仍然寥寥。

从已有文献研究成果来看，目前关于中国城镇居民住房租买选择的实证研究比较匮乏，仅有的几篇代表性研究，如郑思齐（2007）、虞晓芬（2007）、Li（2000）、Fu 等（2000）以及 Huang 和 Clark（2002），使用的数据都偏早，甚至是 1998 年之前的数据。"房改"以来 20 多年，我国住房市场发生了较大变化，居民住房需求结构以及消费行为与消费能力也在发生变化。因此，有必要在新的时点上，研究我国居民家庭住房租买选择特征及其影响因素。

已有文献研究对居民住房租买选择影响因素的选取可以归为三个方面：一是家庭属性，包括家庭收入、家庭财富、居住流动性、家庭偏好等；二是住房属性，包括住房结构和邻里特征、住房租买相对成本、住房价格变化等；三是制度环境因素，包括户籍状况、单位类型、租赁市场的规范程度、宏观政策因素等。

从实证研究角度来看，已有文献对住房租买现状选择的研究居多，而对住房租买意愿选择的研究相对不足；对住房租买选择的家庭特征因素和住房特征因素考虑较多，对制度性因素和城市特征因素考虑不足。此外，已有文献对不同群体住房租买选择的关注不够。

第三章
居民家庭住房租买选择的机理分析

一 住房租买选择的理论基础

(一) 基于住房服务需求的租买选择机理

住房兼有消费品和投资品的双重属性,因此,住房购买既是消费选择也是投资决策。理论上,住房需求可以区分为消费需求与投资需求,前者是对住房服务的需求,后者是对住房资产的需求。但现实中,这两种需求很难完全区分。

"住房服务"是在度量住房消费量时为排除住房的异质性而在研究中引入的一个概念。1 个单位的住房服务是指 1 个标准住房在单位时间里所产出的服务量。其中,标准住房也称同质住房,是人为设定结构特征、邻里环境、区位状况的住房单元。相比于采用"套"或"平方米"的度量,住房服务可以排除异质性的影响。

如果仅将住房作为一种消费品,对住房的需求本质上是对住房服务的需求。住房的租买选择取决于自有住房服务与租赁住房服务所带来的效用 (见图 3-1)。其基本思路是如下。如果家庭 j 选择购买住房,其间接效用 $V_{Oj} = V(P_{Oj}, P_X, Y_j)$;其中, P_{Oj} 为自有住房服务的价格, P_X 为其他商品价格, Y_j 为家庭收入。如果家庭 j 选择租赁住房,其间接效用 $V_{Rj} = V(P_{Rj}, P_X, Y_j)$;其中 P_{Rj} 为租赁住房价格。当 $V_{Oj} > V_{Rj}$ 时,家庭会选择购买住房。由此得出,家庭选择购买住房的概率取决于四方面因素:自有住房服务相对价格、租赁住房服务相对价格、家

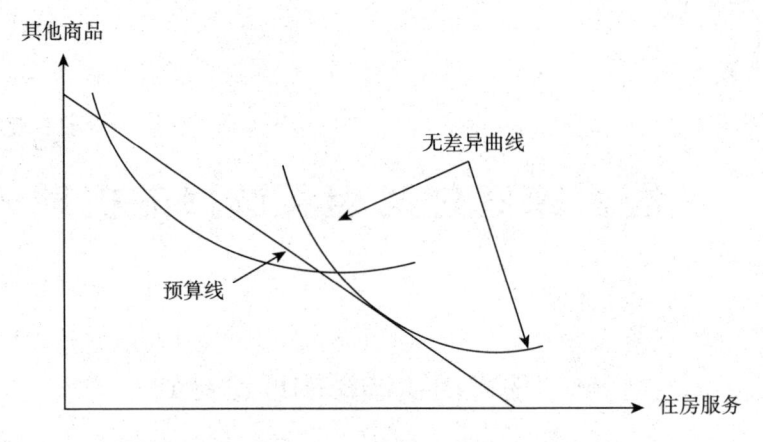

图 3-1 基于住房服务需求的租买选择机理

庭收入水平、家庭偏好。当然，考虑到住房购买的首付款约束、银行信贷支持、家庭财富积累以及代际转移等也会影响家庭的住房租买选择决策。

基于住房服务需求的租买选择机理，是研究中构建住房租买二元选择模型的理论基础。

（二）基于投资组合的住房租买选择机理

但从住房服务角度的研究对住房消费属性的考虑较多，对住房投资需求考虑不足。Ioannides 和 Rosenthal（1994）从家庭投资组合（Household Portfolio）的角度提出，住房投资需求与消费需求的相对大小，决定家庭最终的租买选择决策；如果住房投资需求大于消费需求，家庭将选择住房自有，反之，则选择住房租赁。

从投资组合角度构建的住房选择模型将租买状态细分为四类：租赁住房同时在别处没有住房（RENT1），租赁住房同时在别处拥有住房（RENT2），自有住房同时在别处没有住房（OWN1），自有住房同时在别处拥有住房（OWN2）。图 3-2 中，α_1、α_2 和 α_3 分别代表住房产权选择状态由 RENT1 转为 RENT2、由 RENT2 转为 OWN1 和由 OWN1 转向 OWN2 时住房投资需求与消费需求差异的临界点。随着住房产权

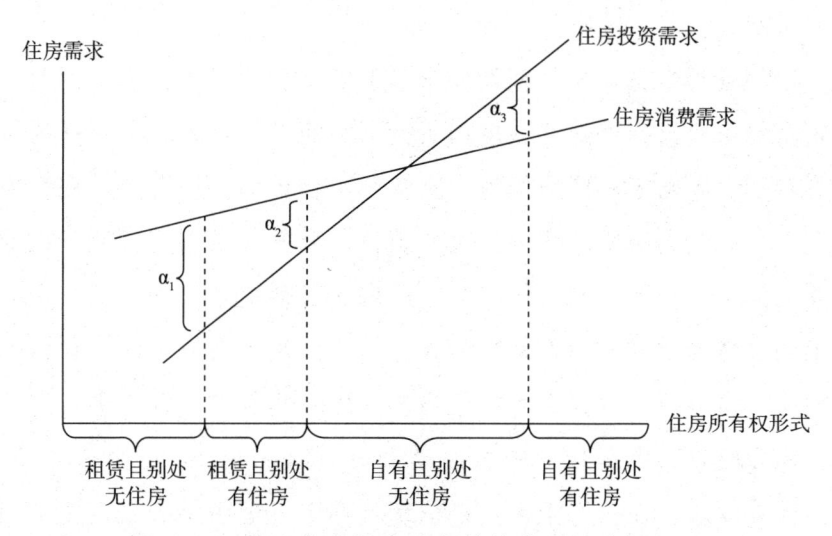

图 3-2 基于家庭投资组合的住房租买选择机理

状态从 RENT1 向 RENT2，再向 OWN1，最后向 OWN2 转换，住房投资需求与消费需求之间的差距逐步增大。

基于家庭投资组合的住房租买选择机理，是研究中构建住房产权细分选择模型的理论基础。

二 住房租买选择的主要影响因素

尽管不同理论的出发点和假设条件不同，但在理论上，对于选择问题，其影响因素都可以归结为三个方面，即选择者特征、选择对象特征和选择环境特征。因此，本书结合已有文献研究和中国现实状况，主要从三个方面分析我国城镇居民住房租买选择的影响因素：家庭属性、住房属性、制度环境因素。

（一）家庭属性

影响住房租买选择的家庭属性包括家庭收入、家庭财富、居住稳定性、家庭人口特征等因素。其中，前两个因素主要影响家庭对住房的支付能力。

（1）家庭收入。收入是决定家庭预算约束的重要因素，因此，收入较高的家庭具有更强的住房购买能力。而且，收入较高家庭的投资意愿较强，倾向于将住房作为家庭资产组合中的一项资产。住房支出是多数家庭预算中所占比例最大的项目，家庭通常采用抵押贷款的形式购买住房，因此，购买住房的决策属于长期决策，理论上，影响该决策的是持久收入，而不是当前收入。当前收入由持久收入和暂时收入构成。持久收入可以看作在相当长一段时间里家庭收入中稳定的部分，而暂时收入则是收入中的波动部分。Chou 和 Shih（1995）通过实证研究发现，在住房租买选择估计方程中，采用持久收入比采用当前收入估计的结果更好。

（2）家庭财富。家庭在申请住房按揭贷款时，通常有一定比例的首付款要求，这使得家庭财富水平成为影响住房购买能力的重要因素。家庭财富来源于收入积累、继承、赠予等多个渠道。Jones（1989）对加拿大的实证研究发现，财富在家庭（尤其是首次购房家庭）由租转买的决策中起到决定性作用，财富水平的约束是收入无法逾越的。特别是在中国，很多年轻家庭在购买住房时能够获得父母的资助，这种普遍的代际帮助使得家庭财富对年轻家庭住房租买选择的影响可能更大。

（3）居住稳定性。住房交易成本高、变现能力差的特征也是家庭在进行租买选择时考虑的因素。自有住房家庭在搬迁时将面临比租赁住房家庭大得多的成本。DiPasquale 和 Wheaton（1996）认为，自有住房家庭在搬迁时，需要支付的经纪人佣金、各种买卖税费等费用总计可达到住房价值的 6%～9%；此外，如果原有住房不能很快卖出，则还会带来每月相当于住房价值 1% 的空置成本。而租赁住房家庭在搬迁时，所涉及的交易成本要少很多。因此，流动性较大的家庭（如年轻家庭，外来临时工作的家庭）往往会选择租赁住房。随着家庭在城市居住时间的增加，它选择住房自有的可能性将增加。

（4）家庭人口特征。研究中经常采用的家庭人口特征变量包括年龄、婚姻状况、家庭结构等，主要用于反映家庭生命周期特征对住房租买选择的影响。研究认为，随着家庭生命周期向后推移，住房购买需求增加。此外，家庭人口特征也在一定程度上反映了难以直接观察的家庭偏好对住房租买选择的影响。一些家庭认为，在获得同等住房服务的情况下，自有住房比租赁住房存在很多优势，如能够使住房方面的消费更为稳定，能够获得住房装修和维护方面的自主权，能够更容易地融入当地社区和享受社区服务等。

（二）住房属性

（1）租买相对成本。从成本费用理论来看，租买相对成本是家庭进行租买选择时考虑的最关键变量，家庭基于成本最小化原则做出租买选择决策。对于同样的住房单元，租买相对成本较高意味着租赁住房的租金支出比持有住房的使用成本支出较高，这种情况下，家庭做出住房自有选择的可能性就增加，反之，家庭选择租赁住房的可能性较大。同时，较高的租买相对成本也反映出住房投资的回报率较高，这从投资需求的角度形成对住房购买的正向激励。

（2）住房质量。住房市场的过滤（House Filtering）机制表明，在高收入家庭追求更高质量住房的过程中，它原有住房将成为面向低收入家庭的住房供给。因此，市场中质量较好的住房被高端群体购买的可能性较大。住房房龄可以在一定程度上反映住房质量，通常新建住房在户型结构和功能等方面要好于之前建造的住房。因此，房龄越短的住房，被购买的概率越高。

（3）住房区位。很多研究指出，租房者在进行住房选择时，交通便利性是他考虑的最重要因素，而住房功能、住房面积等属性在购房者住房选择过程中被赋予的权重明显大于租房者。因此，通常认为地铁、公交站点周边的住房以及距离城市 CBD 较近的住房，被租赁的可能性较大。

（三）制度环境因素

西方学者对租买选择影响因素的分析侧重于家庭属性和住房属性两个方面。但我国由计划经济向市场经济转轨以及住房领域由福利分配向货币化分配的改革经历，使得制度环境因素对家庭住房租买选择的影响不容忽视。

（1）户籍制度。中国特殊的户籍制度致使居民在就业、教育、社会福利等方面的权益都与他是否有当地户口息息相关。具体到住房领域，我国原福利分房体制下住房的实物分配是以拥有本地非农户口的群体为主，这意味着获得福利房的本地非农户口家庭可以享受住房资产为它们带来的禀赋收入效应，这将增强这些家庭在住房市场中购买住房的能力。本地农村户口家庭多数通过自建住房或拆迁安置实现住房自有，并在城市发展过程中分享经济增长的成果。

（2）住房公积金制度。1994 年 7 月国务院发布《国务院关于深化城镇住房制度改革的决定》，提出全面推行住房公积金制度。该制度是推进我国住房制度改革的一项重要政策内容。住房公积金制度成立之初的主要目标是为住房体制转换筹集资金，1998 年全面推进住房货币化改革后，住房公积金的主要目标转为支持住房消费、提高居民购房支付能力。住房公积金制度具有强制性储蓄的特点，主要通过提供低利率按揭贷款（比商业银行贷款利率低 2 个百分点左右）支持缴存者的住房购买。因此，参与住房公积金制度的家庭，可以降低住房购买成本，进而提高住房支付能力。

（3）住房市场成熟度。由于我国住房市场发展较晚，与发达国家相比，住房市场成熟度明显低一些，如住房市场运行秩序尚需规范，新建住房市场、二手房市场和住房租赁市场的协同发展程度不够。这些都会加大住房市场的摩擦,影响个体的住房选择行为。随着住房市场的日益成熟,住房变现能力增强,住房交易成本将减少。这将加大住房自有对消费者的吸引力。

(4) 住房租赁市场的完善程度。已有研究指出,我国居民家庭"重自有轻租赁"的住房选择倾向固然与传统的住房自有观念偏重的文化背景有关,但同时,住房租赁市场的不完善也是重要的助推因素,表现为住房租买选择机制的缺失、租赁市场不规范、租户权益得不到保障、租买不同权等多个方面(窦尔翔,2008;崔裴和严乐乐,2010)。住房租赁市场的不完善是推动住房购买的一个重要因素。

(5) 房价上涨预期。住房本身具有投资品属性,房价上涨预期成为影响人们对未来住房投资收益判断的一个重要因素,进而影响着他们的住房租买选择行为。特别是在我国目前投资渠道缺乏的现实背景下,住房成为居民家庭资产组合中的一个重要选项,住房购买发挥着分散投资风险和抵御通货膨胀的作用。因此,较高的房价上涨预期将加大住房购买倾向。

(6) 住房政策。住房自有是各国住房政策关注的重要内容。多数国家有鼓励住房自有的政策,通过信贷政策和税收政策的优惠降低住房自有成本,这将增加家庭住房购买倾向。但这一影响需要从动态变化的角度进行考量。

第四章
我国城镇居民家庭的住房租买结构特点

一 数据基础

本书的数据基础主要有两类。一是全国人口普查和抽样调查数据。该数据覆盖我国城镇范围内的全部常住人口,是目前分析我国住房状况最全面的数据。全国人口普查和抽样调查数据中关于住房状况的信息主要包括住房用途、住房建筑面积、住房间数、住房建筑层数、承重类型、住房建成年代、住房设施、住房产权来源和租赁住房家庭的月租房费用支出。对于本书研究而言,该数据存在信息量不足的问题,缺少家庭收入[①]、住房价值、住房租金等研究住房租买选择的关键变量。因此,本章利用国家统计局2000年和2010年全国人口普查数据及2005年和2015年全国1%人口抽样调查数据,主要从宏观层面分析我国城镇居民家庭住房租买结构及其变化特征。

第二类数据基础是2010年北京、上海、深圳、成都、杭州五个城市的城镇住户调查数据。城镇住户调查以全面了解城镇居民生活状况及变化情况为目的,调查内容包括城镇居民家庭基本情况、家庭收入与消费支出以及家庭住房状况。其中,对住房状况的调查包括住房建筑类型、住房设施条件、住房建筑面积、住房建造年份、住房产权

---

① 2005年全国1%人口抽样调查数据中有家庭收入,而全国人口普查数据中没有这一项。

第四章 我国城镇居民家庭的住房租买结构特点

来源、住房市场价值估计值、住房市场租金，以及与住房状况相关的家庭住房拥有套数、家庭未来购房意愿等信息。该数据是本书从微观层面进行住房租买选择研究的基础。但由于城镇住户调查并不是针对住房状况的专门调查，因此，该调查存在一个缺陷，即对"城中村"住房、小产权房等城镇非正规住房的覆盖面偏小。

总体而言，城镇住户调查的微观数据，是研究住房选择以及住房需求问题的宝贵数据来源。这种基于微观数据的统计分析，可以较好地反映居民家庭的住房需求结构特征。五城市住户调查数据的样本量[①]及分布如表4-1所示，通过市场化途径获得住房的家庭在全部家庭总数中占比为53.1%。

表4-1 五城市住户调查样本量分布

单位：户，%

城市	北京	上海	深圳	成都	杭州	总计
全部样本	17532	7672	3787	2609	3471	35071
购买商品房和租赁市场房样本	7409	4923	3289	1332	1671	18624
购买商品房和租赁市场房样本占比	42.3	64.2	86.8	51.1	48.1	53.1

二 城镇居民家庭住房自有率及其变化特征

住房自有率能够在总体上反映一个区域住房市场的租买结构状况，是国际上反映住房问题的重要指标。由于我国住房存量结构的复杂性，因此，本书在描述住房自有率及其变化的基础上，进一步通过

[①] 本书研究样本为就业者，不包括在校学生、家务劳动者、离退休人员、丧失劳动能力者、待分配者、失业人员、待升学者等非就业群体。

住房来源结构观察城镇居民家庭住房的租买结构特征。

（一）住房自有率及其变化

我国传统城镇住房制度是在20世纪50年代末建立起来的与计划经济体制相适应的住房制度，是一种以国家和企事业单位统包、低租金为特点的实物福利分房制度。在这种制度下，住房的商品属性不明显。据统计，1978年我国城镇居民家庭住房中74.8%为公有化住房（侯淅珉等，1999）。虽然20世纪70年代末80年代初就开始了城镇住房制度改革的探索，《国务院关于深化城镇住房改革的决定》（国发〔1994〕43号）也提出了实现住房商品化、社会化的分阶段推进措施，但由于福利分房制度始终未停止，因此，公有化住房仍占据主体。1995年我国城镇居民家庭住房中公有化住房仍占57%（李实等，1995）。1998年城镇住房制度改革打破了之前的住房非商品的观念，私人拥有住房逐渐成为住房市场的主流。根据国家统计局资料，2000年我国城镇居民家庭住房自有率达到74.1%，2005年进一步上升至77.9%，2010年住房自有率有所下降至74.9%，2015年再度上升至79.2%（见图4-1）。

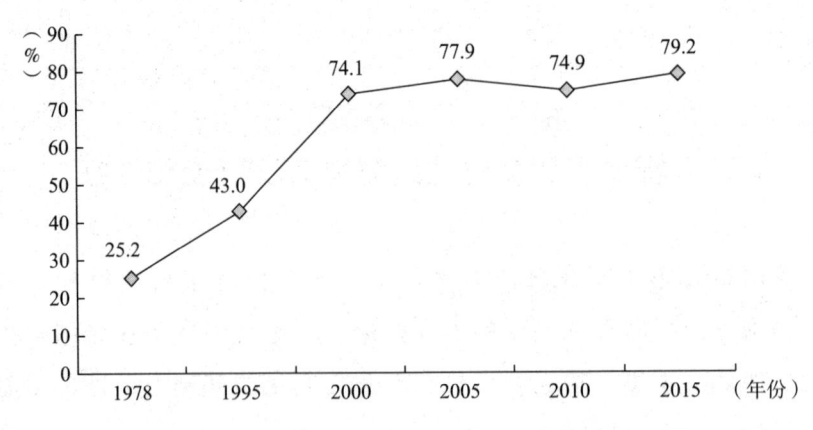

图4-1 我国城镇居民家庭住房自有率的变化

注：1978年和1995年数据为住房私有化率。

第四章 我国城镇居民家庭的住房租买结构特点

总体来看,我国目前城镇居民家庭住房自有率高于表1-1中所列的多数欧美国家。但是,我国城乡二元管理体制以及住房制度演变使得城镇居民家庭住房租买结构在以下几方面表现出特殊性,需要在进行住房问题研究时给予关注。

第一,城镇居民家庭较高的住房自有率并不是住房市场渐进发展的结果。受城乡二元管理体制以及住房制度改革中公房出售政策的影响,我国城镇居民家庭自有住房中有很大比例来源于自建住房和购买原公有住房。从具体的住房来源结构(见图1-1)看,2000~2015年,自建住房始终在城镇居民家庭住房来源中占30%以上的比例,这些住房很多是原农村集体土地上的住房,由于行政区划调整而划归城镇范围。这部分住房并非通过市场化途径获取,但对住房市场整体自有率的提高具有正向贡献。另外,受住房制度改革中公房出售政策的影响,购买原公有住房对城市家庭实现住房自有做出了重要贡献。2000年城镇住房制度改革之初,城市居民家庭住房来源中购买原公有住房的比例接近30%,2015年该比例仍为15.9%。我国城镇居民家庭住房来源渠道的特殊性,使得住房问题的分析要远比国外复杂。

第二,城市与镇两个行政级别范围内住房来源结构有较大差异。总体来看,2000~2015年,我国城镇居民家庭住房来源中购买和租赁商品房的比例呈明显的上升趋势,表明越来越多的家庭通过市场化途径获取住房。但城市与镇两个行政范围的住房来源结构差异较大(见图4-2)。2015年,城市范围内购买商品房(包括购买新建商品房和购买二手房)和租赁商品房两种途径在住房来源中占比最高,分别达到37.0%和17.8%,即超过半数的家庭通过市场化途径获得住房;镇范围内,自建住房仍占据主导,占比高达59.6%,表明镇住房市场的发展远远落后于城市地区。

住房租与买：理论决定与现实选择

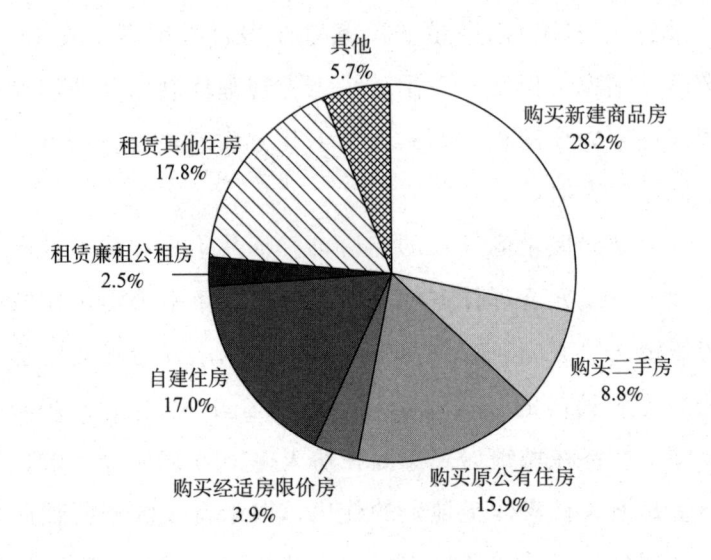

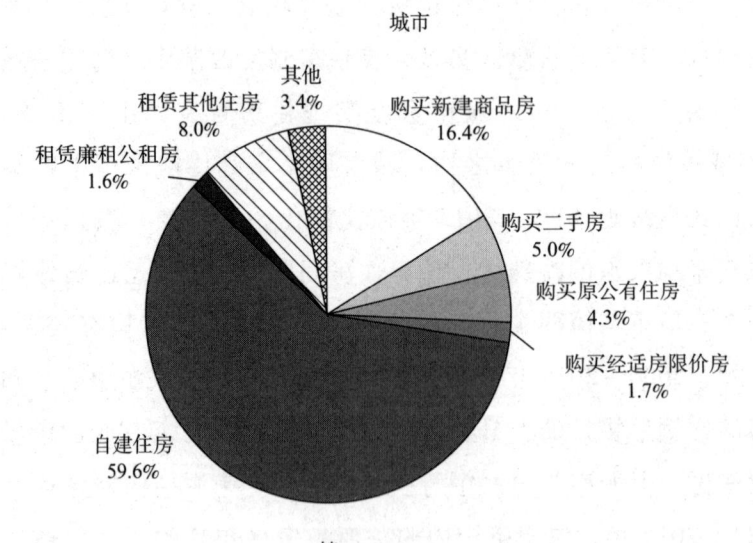

其他 5.7%
购买新建商品房 28.2%
租赁其他住房 17.8%
租赁廉租公租房 2.5%
自建住房 17.0%
购买经适房限价房 3.9%
购买原公有住房 15.9%
购买二手房 8.8%

城市

其他 3.4%
租赁其他住房 8.0%
购买新建商品房 16.4%
租赁廉租公租房 1.6%
购买二手房 5.0%
购买原公有住房 4.3%
购买经适房限价房 1.7%
自建住房 59.6%

镇

图4-2 2015年城市与镇范围内居民家庭住房来源结构

资料来源：2015年全国1%人口抽样调查资料。

第三，镇范围内居民家庭住房自有率明显高于城市，且该差距呈扩大趋势。2000年、2005年、2010年和2015年，我国城市范围内居民家庭住房自有率分别为72.0%、75.7%、69.8%和73.9%，在波动中略有上升；而同期，镇范围内居民家庭住房自有率分别为78.0%、81.5%、83.2%和87.0%（见图4-3），逐步增加态势明显。镇范围内居民家庭的住房自有率明显高于城市，2000年和2005年，二者的差距约为6个百分点，2010年和2015年该差距扩大到13个百分点左右。2010年我国城市居民家庭住房自有率略高于欧美国家的平均值，大约高7个百分点；但我国镇家庭住房自有率明显高于欧美国家的平均值，大约高20个百分点。

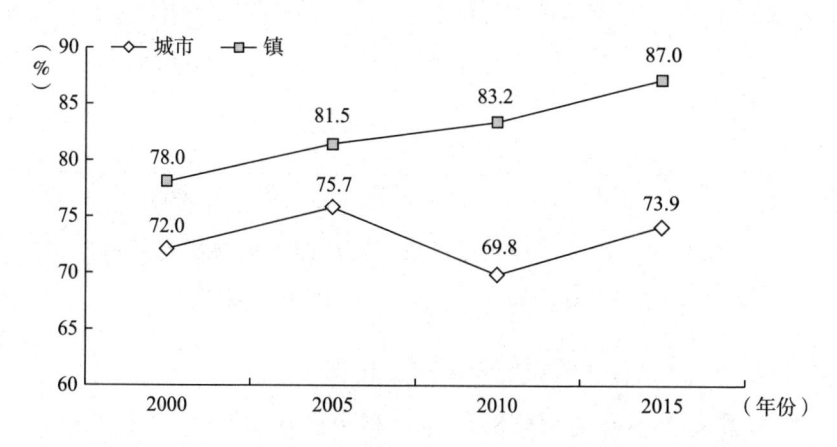

图4-3 我国城市与镇范围内居民家庭住房自有率及变化

资料来源：2000年和2010年全国人口普查资料，2005年和2015年全国1%人口抽样调查资料。

第四，通过市场化途径获取住房家庭的住房自有率并不高。如果以购买和租赁市场化住房两种住房来源方式来反映市场化条件下家庭的住房租买选择行为，用"（购买新建商品房家庭＋购买二手房家庭）/（购买新建商品房家庭＋购买二手房家庭＋租赁市场化住房家庭）"代表通过市场化途径获取住房家庭的住房自有率。可以发现，2015年我国城镇居民家庭通过市场化途径获取住房家庭的住房自有率为68.9%，略高于欧美国家平均值；其中，城市和镇居民家庭中通过市场化途径获取住房家庭的住房自有率分别为67.5%和72.8%，城市居民家庭的住房自有率与欧美国家平均值大致相当（见图 4-4）。这也再次表明，我国目前城镇居民家庭较高的住房自有率在很大程度上受非市场化住房来源的影响。

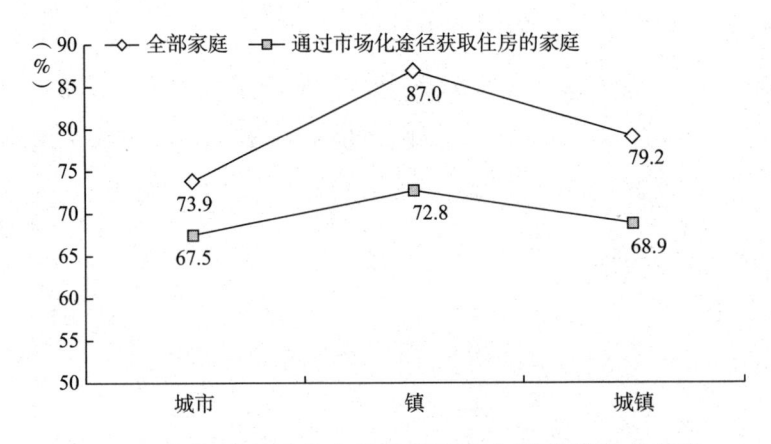

图 4-4　通过市场化途径获取住房家庭的住房自有率

资料来源：国家统计局 2015 年全国 1% 人口抽样调查资料。

（二）住房自有率随家庭特征的变化规律

在西方关于不同类型家庭住房自有率的统计中，户主年龄、家庭收入、家庭规模和户主种族，是反映家庭特征的重要方面。对应于我国实际情况，本部分主要描述住房自有率以及住房来源结构随着户主年龄、家庭收入、家庭规模和户主户口状况的变化规律，并与发达国家住房自有率随家庭特征的变化规律进行比较。由于镇范围内住房市场发展滞后，镇居民家庭住房来源的市场化程度仍然不高，因此，本部分主要基于 2010 年第六次全国人口普查数据，分析城市居民家庭住房自有率以及住房来源结构随家庭特征的变化规律。

1. 住房自有率随户主年龄的变化

住房自有率随着户主年龄的增长而提高（见图 4-5），户主年龄在 35 岁以下的家庭，住房自有率的提高幅度较大，户主年龄达到 60 岁后，住房自有率基本稳定。户主年龄在 40 岁以下家庭的住房自有率低于全部家庭平均水平。

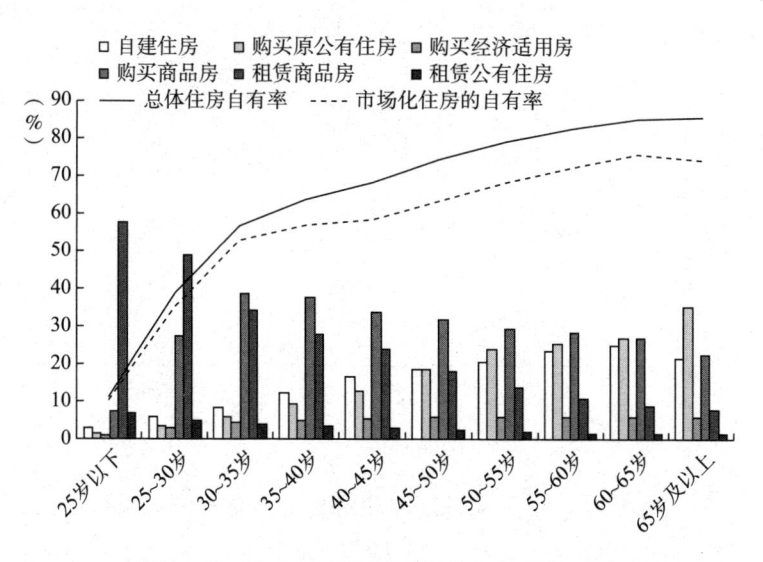

图 4-5 住房来源结构随户主年龄的变化

资料来源：2010 年第六次全国人口普查资料。

从具体住房来源结构看，户主年龄在 30 岁以下的家庭以租赁商品房为主；对于户主年龄在 30 岁及以上的家庭，随着年龄的增长，住房来源中购买商品房的比例提高，而同时购买原公有住房的比例上升；户主年龄在 40 岁及以上的家庭，自有住房来源中自建住房和购买原公有住房的比例较高。

我国城市居民家庭住房自有率随户主年龄的变化趋势与美国、英国、日本三个发达国家一致（见图 4-6）。但是，由于不同年龄群体获得住房来源的机会不平等，因此，不同群体感受的住房购买压力有较大差异。20 世纪 70 年代之前出生的人，享受福利分房的概率较高，这使他们可以较低的成本实现住房自有，从而可以为之后购买商品房积累财富。户主年龄在 40 岁及以上尤其是 45 岁及以上的家庭，住房来源中购买原公有住房的比例明显提高，同时户主年龄在 40 岁及以上的家庭拥有多套住房的比例高于全部家庭平均水平。而户主年龄在

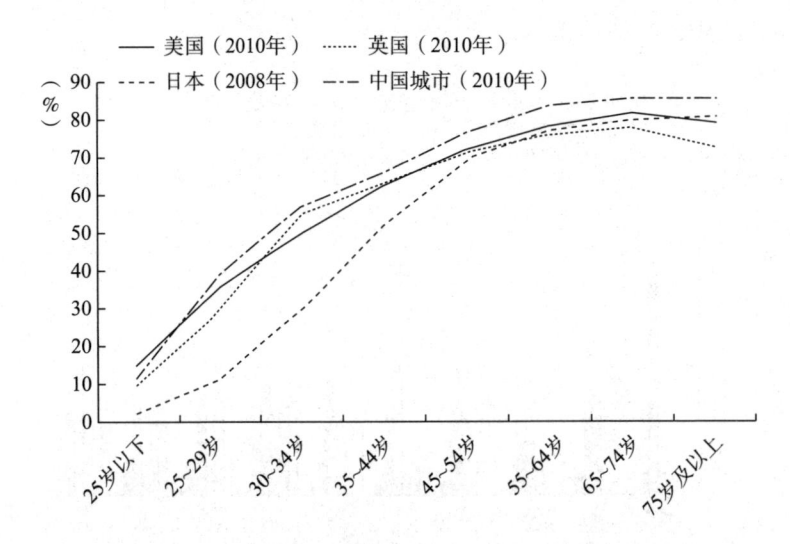

图 4-6　中美英日四国住房自有率随年龄的变化

资料来源：美国人口普查局、日本统计局、英国住房社区和地方政府部、中国国家统计局网站。

35岁以下的家庭70%以上通过购买商品房和租赁商品房两种市场化途径解决住房问题。此外，我国城市家庭住房自有率平均水平高于美国，但30岁以下家庭住房自有率却低于美国。这是我国城市住房矛盾在新就业群体中表现较为突出的一个原因。

2. 住房自有率随家庭收入的变化[①]

发达国家的经验数据显示，住房自有率随着家庭收入水平的提高而上升，但不同国家低收入群体与高收入群体之间住房自有率的差异程度不同（见图4-7至图4-10）。按照家庭收入分组统计，美国、英国、日本最高收入组家庭住房自有率均在90%左右，但最低收入组家庭住房自有率差异较大，该比例在英国最低，约为11%，在美国和日本相对较高，分别约为40%和接近50%。而我国住房自有率在不

---

① 由于2010年全国人口普查数据中没有对家庭收入的调查，因此，这里以2005年全国1%人口抽样调查数据为基础，分析住房来源结构随家庭收入的变化。

同收入群体之间差异不明显，最低收入和低收入家庭的住房自有率反而高于其他高收入家庭，城市中等偏下收入群体实现住房自有的难度最大。

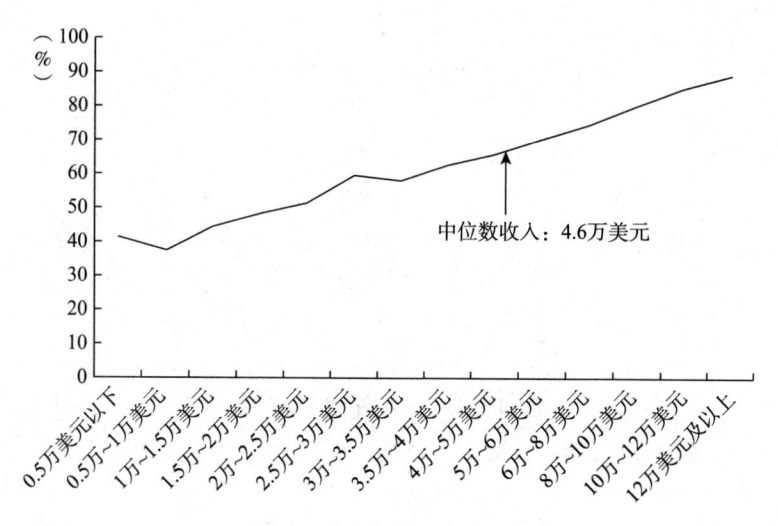

图 4-7 美国住房自有率

资料来源：美国人口普查局网站。

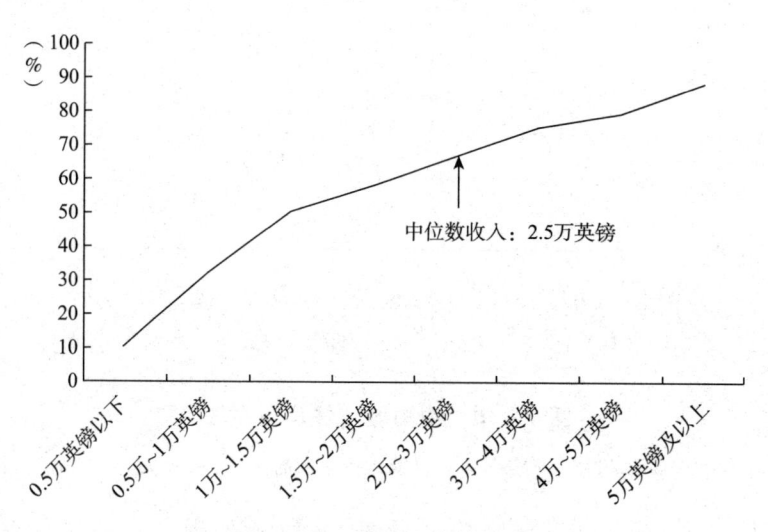

图 4-8 英国住房自有率

资料来源：英国住房社区和地方政府部网站。

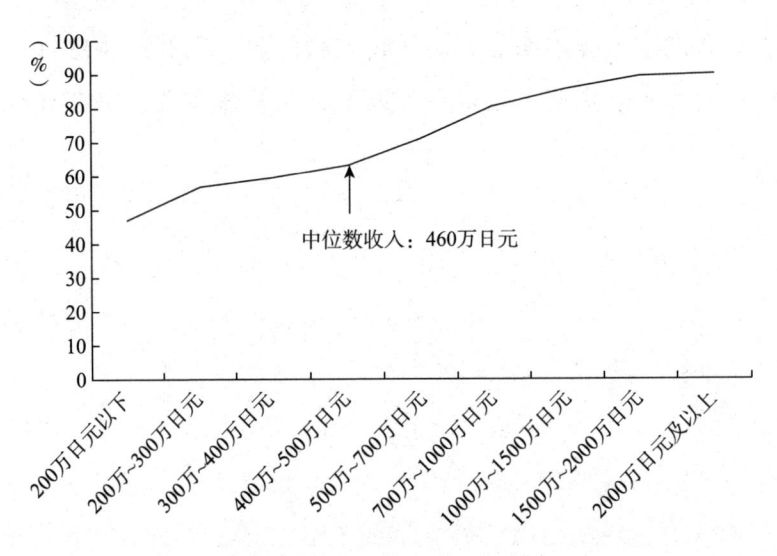

图 4-9 日本住房自有率

资料来源：日本统计局网站。

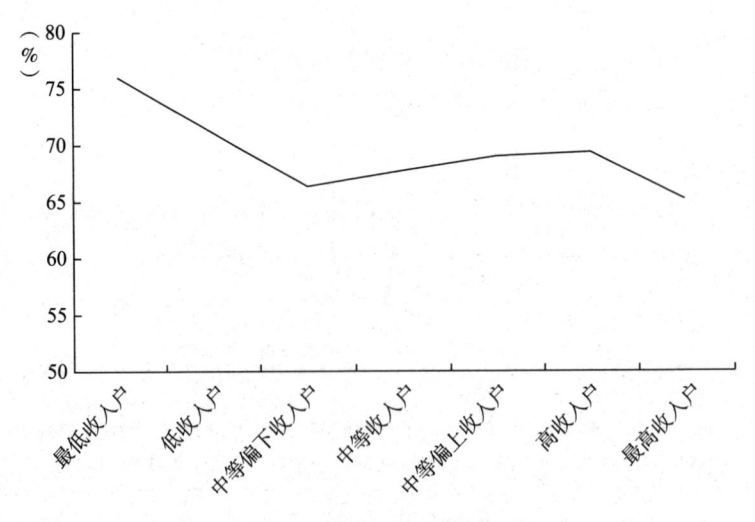

图 4-10 中国城市住房自有率

资料来源：2005年全国1%人口抽样调查资料。

进一步分析住房来源结构（见图4-11）发现，不同收入群体住房来源结构之间的差异较大。随着收入水平的提高，家庭住房来源中通过市场化途径获取住房的比例上升；低收入家庭较高的住房自有率

第四章　我国城镇居民家庭的住房租买结构特点

主要通过非市场化途径实现，表现为自建住房和购买原公有住房对最低收入和低收入家庭住房自有率的贡献率高达80%。这与我国特殊的土地制度以及城乡二元管理体制有关。最低收入家庭和低收入家庭很多是由于城市扩张而"被城市化"的农村居民，其住房来源中自建住房占很高比例，通过购买商品房实现住房自有的比例较低。如果仅考虑通过市场化途径获取住房的家庭，则我国这部分家庭的住房自有率总体表现出随着收入提高而上升的趋势，与美国、英国、日本等发达国家表现出的规律类似。

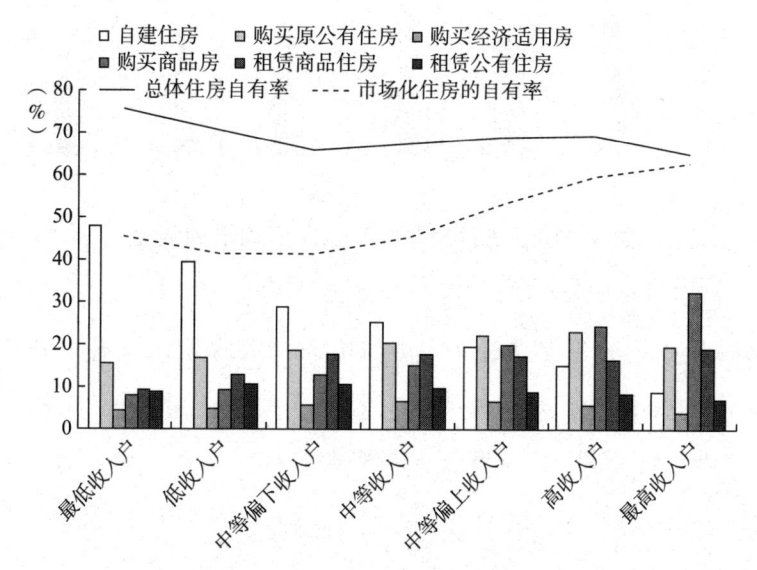

图 4-11　住房来源结构随家庭收入的变化

资料来源：2005 年全国 1% 人口抽样调查资料。

3. 住房自有率随家庭规模的变化

住房自有率与家庭规模之间总体呈现倒 U 形的关系（见图 4-12），3 人户家庭的住房自有率最高。从样本分布来看，3 人户和 2 人户是核心的家庭结构，分别占全部家庭总数的 32.7% 和 28.0%；其次是 1 人户家庭，占比为 15.8%。从住房来源结构看，自建住房比例随着家庭规模的增大而增加，通过市场化途径获得住房的比例随着家庭规模的增大而减小，3人户家庭购买商品房的比例最高，1人户家庭租赁商品房的比例最高。这表明，三口之家是住房市场中的购买主体，单身户是住房市场中的租赁主体。

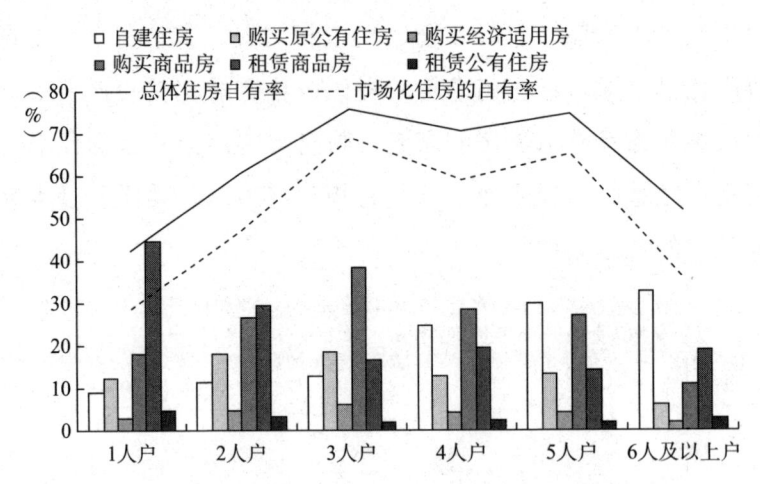

图4-12 住房来源结构随家庭规模的变化

资料来源：2010年第六次全国人口普查资料。

从国际比较的角度来看，我国城市居民家庭住房自有率随家庭规模的变化特点不同于美国和英国（见图4-13）。我国不同家庭规模

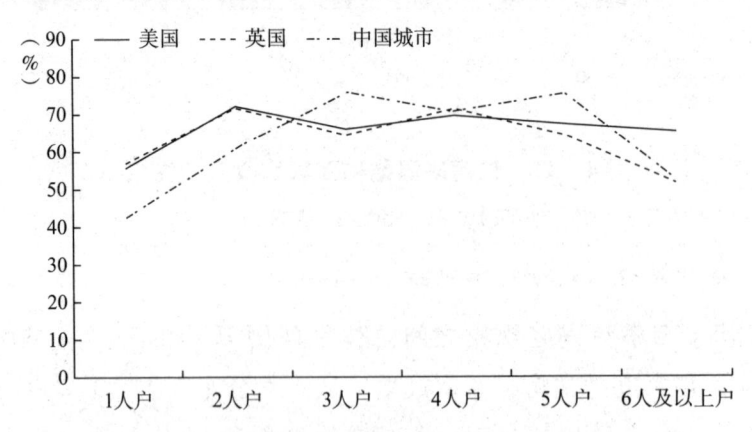

图4-13 住房自有率随家庭规模变化的国际比较

资料来源：美国人口普查局、英国住房社区和地方政府部、中国国家统计局网站。

第四章 我国城镇居民家庭的住房租买结构特点

之间住房自有率的差异较大，其中，1人户和2人户家庭的住房自有率明显较低。我国1人户和2人户家庭多为年轻群体，这在一定程度上反映出住房市场有较大的潜在购买需求。

4. 住房自有率随户主户口状况的变化

根据户口性质，我国城镇居民家庭可以分为四类：本地非农户口家庭、本地农村户口家庭、外地非农户口家庭、外地农村户口家庭。受我国特殊的户籍制度影响，不同户口类型家庭之间的住房自有率差异明显，本地户口家庭住房自有率明显高于外地户口家庭（见图4-14）。如果将全部住房来源考虑在内，本地非农户口和本地农村户口家庭的住房自有率均在80%以上。但本地农村户口家庭主要通过自建住房实现住房自有，自建住房在全部住房来源中占比超过60%，而通过市场化途径获取住房家庭的住房自有率仅为55%。

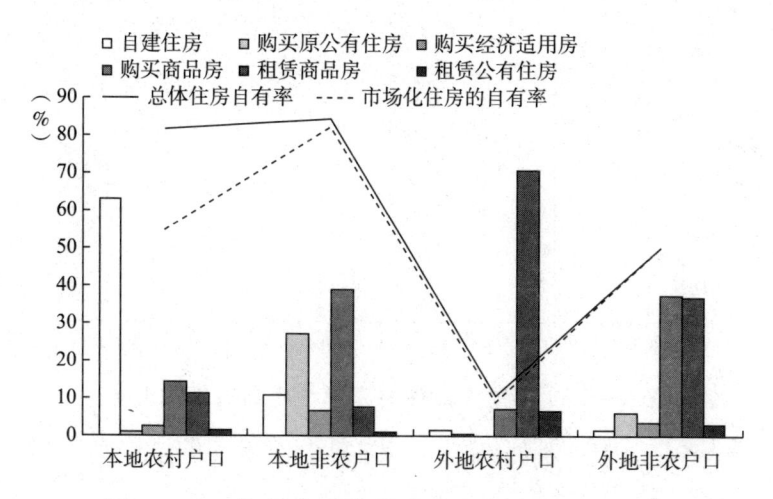

图4-14 住房来源结构随户主户口状况的变化

资料来源：2010年第六次全国人口普查资料。

我国特殊的户籍制度使得户口性质决定着非市场化住房的获取机会，外地户口家庭住房来源中自建住房和购买原公有住房的比例极低，不到10%。75%以上的外地户口家庭通过租赁商品房和购买商品房两种市场化途径解决住房问题。但外地非农户口家庭的住房自有率明显高于外地农村户口家庭，前者约为50%，后者约为10%。

从时间变化来看，2000~2010年，城市非农户口家庭住房自有率提高，而农村户口家庭住房自有率下降（见图4-15）。其中，本地非农户口家庭和外地非农户口家庭住房自有率均提高约10个百分点，本地农村户口家庭和外地农村户口家庭住房自有率分别下降近10个百分点和4个百分点。2000~2010年城市住房自有率的下降主要源于外地农村户口家庭占比的上升及其住房自有率在原本低水平上的继续下降。在此期间，我国农村向城市的人口流动规模快速增加，城市外地农村户口家庭占比由2000年的不到10%上升至2010年的超过20%。

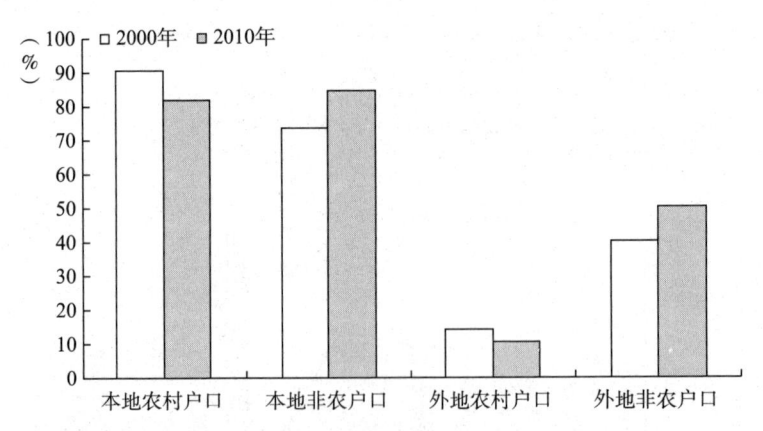

图4-15 不同户口性质家庭住房自有率的变化

资料来源：2000年第五次全国人口普查和2010年第六次全国人口普查资料。

三 城镇居民家庭住房租赁状况

住房租赁市场的发展和完善是居民家庭有效进行住房租买选择的重要基础。但由于我国尚未开展住房普查，缺乏对城镇居民住房租赁状况的整体了解，这对住房租赁市场相关政策的制定形成制约。本部分以2015年全国1%人口抽样调查数据为基础，对城镇居民家庭总体住房租赁状况进行分析，并结合2005年全国1%人口抽样调查数据和2010年全国人口普查数据，分析2005~2015年这10年间我国城镇居民住房租赁状况的变化。

（一）全国城镇租赁住房家庭总体规模

1. 全国城镇租赁住房家庭共3646.3万户，在城镇全部家庭中的占比为16.1%

根据全国1%人口抽样调查数据估计，2015年，我国城镇租赁住房家庭共3646.3万户，占城镇全部家庭的16.1%（见表4-2）。其中，有495.8万户家庭租赁廉租公租房，占城镇全部家庭的2.2%；有3150.5万户家庭通过市场化途径租赁住房，占城镇全部家庭的13.9%。

表4-2 全国城镇租赁住房家庭数量

单位：万户，%

	租赁住房家庭数量			租赁住房家庭数/全部家庭数
	总计	租赁廉租公租房	租赁其他住房	
城市	2768.8	346.0	2422.7	20.4
镇	877.5	149.7	727.8	9.6
城镇	3646.3	495.8	3150.5	16.1

注：根据抽样调查样本量，按照1.55%的抽样比例估计得出数量。

2. 城市租赁住房家庭占比远高于镇，约3/4的租赁住房家庭在城市

分城市和镇看，2015年，城市和镇租赁住房家庭数分别为2768.8万户和877.5万户，分别占城镇租赁住房家庭总数的75.9%和24.1%，约3/4的租赁住房家庭在城市。城市范围内租赁住房家庭占比为20.4%，镇范围内租赁住房家庭占比为9.6%，城市范围内租赁住房家庭占比远高于镇。

3. 城市中住房租赁市场发挥的作用更大，通过市场化途径租赁住房是城市家庭的第二大住房来源

从城镇居民家庭住房来源结构看（见表4-3和图4-16），2015年，城镇范围内自建住房占比最高，为34.1%，其次是购买新建商品房，通过市场化途径租赁住房的占比列居第三位。但城市与镇的住房来源结构相差较大。城市家庭住房来源中，购买新建商品房占比最高，为28.2%，通过市场化途径租赁住房为第二大住房来源；而镇家

表4-3 全国城镇居民家庭住房来源结构

单位：%

	购买新建商品房	购买二手房	购买原公有住房	购买经适房限价房	自建住房	租赁廉租房公租房	租赁其他住房	其他
城市	28.2	8.8	15.9	3.9	17.0	2.5	17.8	5.7
镇	16.4	5.0	4.3	1.7	59.6	1.6	8.0	3.4
城镇	23.5	7.3	11.3	3.0	34.1	2.2	13.9	4.8

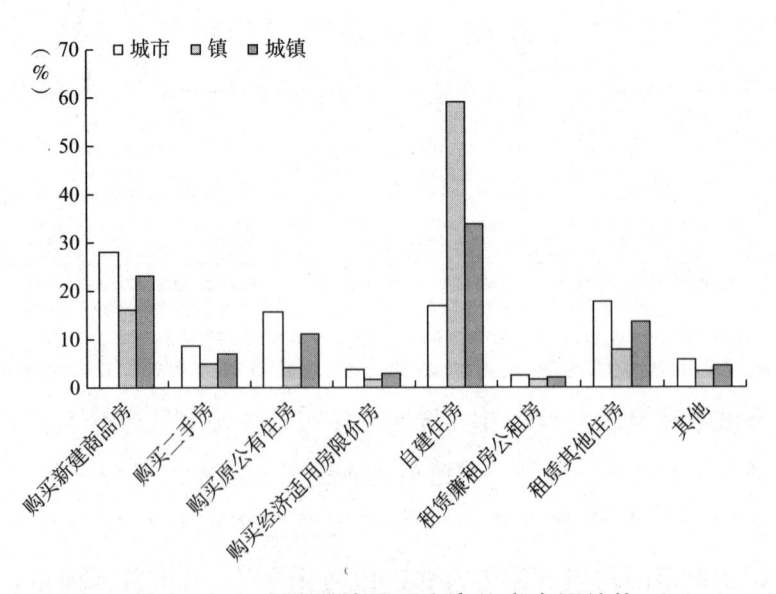

图4-16 全国城镇居民家庭住房来源结构

庭的住房来源中自建住房占据59.6%的绝对高份额，其次是购买新建商品房，通过市场化途径租赁住房为第三大住房来源。城市范围内住房租赁市场发挥的作用更大。

（二）租赁住房的结构特点

1. 城镇居民家庭租赁廉租房公租房与市场化渠道租赁住房的比例分别为2.2%和13.9%

2015年，城镇居民家庭租赁廉租房公租房的比例为2.2%，通过市场化渠道租赁住房的比例为13.9%，市场化租赁是租赁住房的主要途径（见表4-3）。其中，城市居民家庭租赁廉租公租房与市场化渠道租赁住房的比例分别为2.5%和17.8%，镇居民家庭租赁廉租房公租房与市场化渠道租赁住房的比例分别为1.6%和8.0%，城市家庭的市场化住房租赁比例明显更高。

2. 租赁住房家庭数量占比超过60%的前35个城市的市场化渠道租赁住房比例明显高于全国平均水平

租赁住房家庭数量占全国城镇租赁住房家庭总量超过60%的前35个城市中，租赁廉租房公租房家庭占比为0.9%~8.8%，平均为3.1%，比全国平均水平高0.9个百分点；市场化渠道租赁住房的比例为5.1%~68.3%，平均为25.6%，高于全国平均水平11.7个百分点。

3. 租赁住房来源的市场化程度超过85%，高于自有住房来源市场化程度近50个百分点

我国城镇居民家庭住房来源渠道较多，市场化途径与非市场化途径并存。以"租赁其他住房/（租赁其他住房+租赁廉租房公租房）"反映租赁住房家庭住房来源的市场化程度，以"（购买新建商品房+购买二手房）/（购买新建商品房+购买二手房+购买原公有住房+购买经济适用房限价房+自建住房）"反映自有住房家庭住房来源的

市场化程度，则2015年，城镇租赁住房家庭住房来源的市场化程度为86.4%，明显高于自有住房家庭39.3%的市场化程度（见图4-17）。

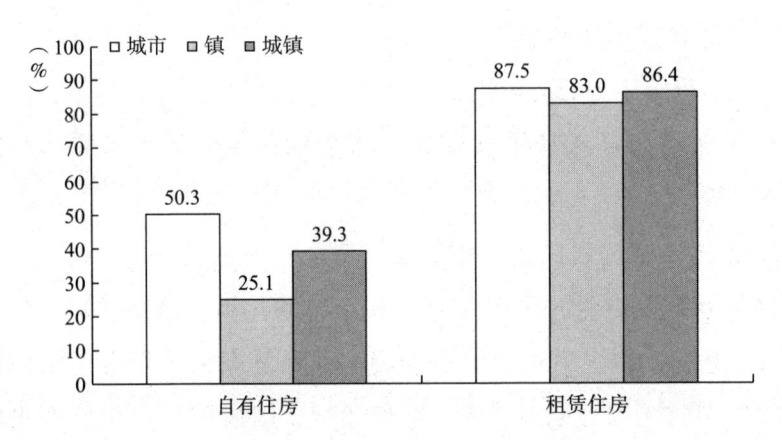

图4-17 租赁住房家庭与自有住房家庭住房来源的市场化程度比较

租赁住房家庭住房来源的市场化程度在城市与镇之间相差不大，分别为87.5%和83.0%，而自有住房家庭住房来源的市场化程度在城市与镇之间相差较大，城市为50.3%，而镇只有25.1%。

（三）城镇居民家庭住房租赁状况的总体变化

1. 租赁住房家庭总量在2005~2010年快速增加1411万户，2010~2015年则减少557万户

2005~2015年，城镇租赁住房家庭数总体呈增加态势，由2005年的2791.6万户增加到2015年的3646.3万户，增长30.6%。其中，城市租赁住房家庭数增加38.0%，镇租赁住房家庭数增加11.7%，反映出租赁住房家庭向城市集中的趋势。

分阶段看，城镇租赁住房家庭数在2005~2010年快速增加1411.4万户，增长50.6%，其中，城市和镇分别增加1192.7万户和218.7万户，分别增长59.5%和27.8%；2010~2015年城镇租赁住房家庭数则减少556.8万户，减少13.2%，其中，城市和镇分别减少430.3万户和126.5万户，分别减少13.4%和12.6%（见图4-18）。

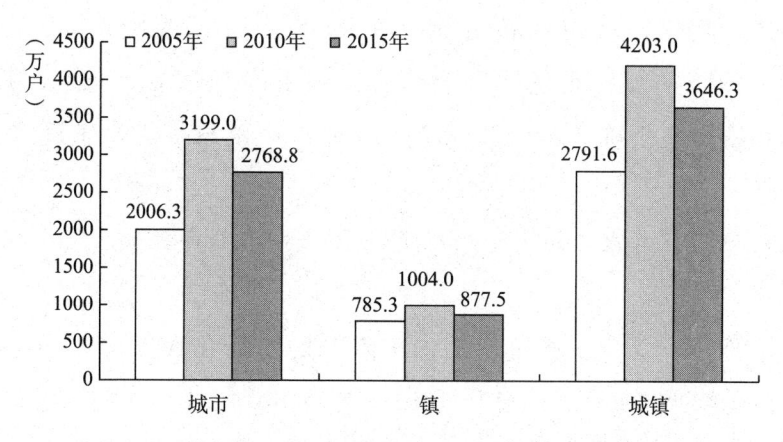

图 4-18　2005~2015 年城镇租赁住房家庭数量的变化

2. 城镇租赁住房家庭占比在 2005~2015 年先上升后下降，2015 年租赁住房家庭占比低于 2005 年水平

2005~2015 年，城镇租赁住房家庭在全部家庭中的占比呈现下降态势，由 2005 年的 17.7% 下降至 2015 年的 16.1%，下降了 1.6 个百分点。其中，城市租赁住房家庭占比在 2005 年和 2015 年分别为 20.3% 和 20.4%，基本持平；镇租赁住房家庭占比则由 2005 年的 13.4% 下降至 2015 年的 9.6%，下降了 3.8 个百分点（见图 4-19）。

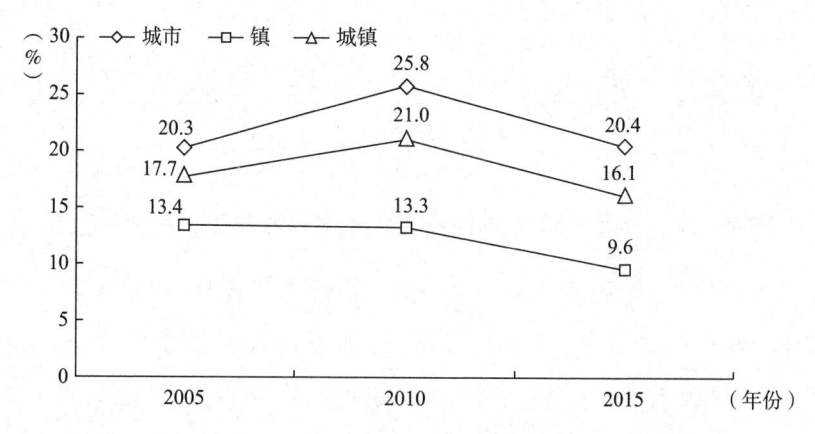

图 4-19　2005~2015 年城镇租赁住房家庭占比的变化

分阶段看，城镇租赁住房家庭占比在 2005~2010 年上升 3.3 个

049

百分点，其中，城市和镇分别上升 5.4 个和下降 0.1 个百分点；2010~2015 年城镇租赁住房家庭占比则下降 5.0 个百分点，其中，城市和镇分别下降 5.4 个和 3.7 个百分点，镇租赁住房家庭占比持续下降。

3. 租赁住房来源的市场化程度在 2005~2010 年较快上升，2010~2015 年小幅下降

2005~2015 年，城镇租赁住房来源的市场化程度总体呈上升态势，由 2005 年的 61.9% 上升至 2015 年的 86.4%，上升了 24.5 个百分点（见图 4-20）。其中，城市和镇租赁住房来源的市场化程度分别上升了 27.5 个和 16.3 个百分点。2015 年，城市和镇住房来源的市场化程度分别为 87.5% 和 82.9%，城市住房来源的市场化程度更高且上升更快。

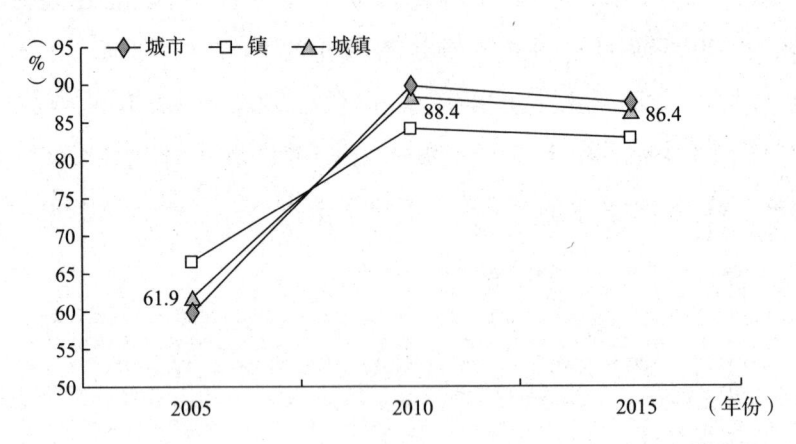

图 4-20 2005~2015 年城镇租赁住房来源市场化程度的变化

分阶段看，城镇租赁住房来源的市场化程度在 2005~2010 年较快上升 26.5 个百分点，2010~2015 年小幅下降 2.0 个百分点。其中，城市和镇住房来源的市场化程度在 2005~2010 年分别上升 29.7 个和 17.5 个百分点，在 2010~2015 年分别下降 2.2 个和 1.2 个百分点。这反映出 2010 年之后廉租公租住房保障力度加大。

四 城镇居民自有与租赁住房的需求特征[①]

本部分以通过市场化途径获得住房的家庭为主要研究对象，比较分析自有与租赁住房家庭的住房特征、家庭特征以及住房需求弹性。其中，自有住房的样本是以市场价格购买住房的家庭，即购买商品房的家庭，租赁住房的样本是以市场价格租赁住房的家庭，即租赁私房的家庭。

（一）家庭特征比较

从家庭人口特征来看，与自有住房家庭相比，租赁住房家庭的家庭规模小、户主年龄小、在本市居住时间短、居住流动性大、以外地户口家庭为主（见表4-4）。租赁住房家庭中2人户所占比例最高，而自有住房家庭则以3人户所占比例最高；租赁住房家庭户主年龄中位数为34岁，比自有住房家庭户主年龄中位数小10岁；自有住房家庭在本市居住时间明显长于租赁住房家庭，二者的中位数分别为38年和6年，在本处住房居住时间的中位数分别为7年和2年，表明租赁住房家庭的居住流动性较大；家庭户口状况在自有住房家庭与租赁

表4-4 五城市自有住房与租赁住房的家庭特征比较（中位数）

类型	家庭人口（人）	户主年龄（岁）	在本市居住时间（年）	在本处住房居住时间（年）	家庭总收入（元）	拥有私家车比例（%）	外地户口比例（%）
自有住房家庭	3	44	38	7	72000	41.2	14.9
租赁住房家庭	2	34	6	2	48000	27.6	74.0

① 从本部分开始，如无特殊说明，研究所采用的数据基础均为2010年五城市城镇住户调查数据。

住房家庭之间的差异较大，租赁住房家庭以外地户口为主，占比为74.0%，而自有住房家庭以本地户口为主，户主为外地户口的比例仅为14.9%。

从家庭收入和财富水平来看，自有住房家庭的总收入水平和财富水平均比租赁住房家庭高约50%。五城市样本中自有住房家庭和租赁住房家庭的总收入中位数分别为7.2万元和4.8万元，前者是后者的1.5倍。由于问卷中没有对家庭财富的直接调查，这里以拥有私家车比例反映家庭财富水平。自有住房家庭与租赁住房家庭中拥有私家车的比例分别为41.2%和27.6%，前者大约是后者的1.5倍。

与全部家庭样本相比，通过市场化途径获取住房家庭较年轻，户主年龄中位数小7岁；家庭收入和财富水平较高，其中，家庭总收入中位数比全部家庭总收入中位数高7.5%，拥有私家车比例比全部家庭平均水平高28.4个百分点；外地户口家庭比例较高，大约是全部家庭的2倍。其中，在住房市场中购买商品房的家庭，收入和财富水平最高，其家庭总收入中位数比全部家庭总收入中位数高21%，拥有私家车的比例比全部家庭平均水平高49个百分点，属于中等以上收入群体。

（二）住房特征比较

与自有住房相比，租赁住房的面积较小、房龄较长（见表4-5）。租赁住房面积的中位数为53平方米，人均住房面积的中位数为22平方米，而自有住房面积的中位数和人均住房面积的中位数分别为93平方米和34平方米，这在一定程度上说明租赁住房家庭的住房消费明显低于自有住房家庭。租赁住房房龄的中位数为15年，即约有一半的住房建设年代在1996年之前，而自有住房房龄的中位数为11年，即约有一半的住房建设年代在2000年之后；可见，租赁住房的房龄明显较长，这符合住房市场过滤机制。

表 4-5 五城市自有住房与租赁住房的住房特征比较（中位数）

类型	住房面积（平方米）	人均住房面积（平方米）	住房房龄（年）	住房价值（万元）	住房价格（元/平方米）	户主上下班主要方式（%）步行或骑自行车	户主上下班主要方式（%）乘坐公共交通	户主上下班主要方式（%）自驾车、乘坐出租车等其他方式
自有住房	93	34	11	113	12143	28.2	26.1	45.7
租赁住房	53	22	15	57	10256	52.6	30.3	17.1

从资产价值的角度来看，自有住房价值的中位数大约是租赁住房价值的 2 倍，每平方米价格的中位数比租赁住房高 18%，二者的单价差异远远小于总价差异，体现了租赁住房的区位优势。在研究的五个城市中，北京、上海、杭州三个城市租赁住房每平方米价格高于自有住房。

从住房区位上看，租赁住房通常在距离上班地点较近的地方或交通便捷的地方。这里以户主上下班采用的主要交通方式反映住房区位，分为步行或骑自行车上下班、乘坐公共交通（公交或地铁）上下班、自驾车或乘坐出租车等其他方式上下班，反映居住地点与上班地点的距离或交通便捷程度。从统计结果来看，租赁住房家庭户主上下班的交通方式以步行或骑自行车为主，占比为 52.6%，其次是乘坐公共交通，占比为 30.3%；而自有住房家庭户主以自驾车或乘坐出租车为主，占比为 45.7%，步行或骑自行车的方式与乘坐公共交通方式的比例大致相当。这表明，租赁住房家庭在进行住房选择时对通勤便捷程度赋予了更高的权重，而自有住房家庭可能会更多考虑学校、医院、公园等公共服务因素。

与全部家庭样本相比，通过市场化途径获取住房家庭的住房面积较大，中位数比全部家庭住房面积中位数大 12 平方米，人均住房面积中位数比全部家庭住房面积中位数大 2 平方米；住房建成年代较新，房龄中位数比全部家庭的小 4 年；住房价值中位数与全部家庭的相当，住房单价中位数比全部家庭的低 12.4%。通过市场化途径获取住房的家庭收入和财富水平较高，而住房资产价值和住房价格并不高，且住房价格水平低于全部家庭平均水平。这种住房价值和价格与收入和财富水平的不匹配从一个方面反映出我国住房市场中的资源错配。

进一步比较不同类型自有住房家庭[①]（原有私房、房改私房、购买商品房）的家庭特征和住房特征，研究发现，原有私房家庭的收入和财富水平是三类自有住房家庭中最低的，而且它们的住房价值和住房价格也远远低于其他自有住房家庭，这与现实情况相一致，因为原有私房家庭主要是城市行政范围外扩产生的"带房进城"的近郊农民。购买商品房家庭和房改私房家庭的比较结果显示，购买商品房家庭的收入和财富水平分别是房改私房家庭的 1.20 倍和 1.91 倍，但住房价值仅比房改私房家庭高 3%，住房价格比房改私房家庭低 38%（见图 4-21）。这一结果说明，我国住房市场中表现出的住房资源错配现象主要受"房改"制度的影响。

房改私房多数在城市中心，具有明显的区位优势，但这类住房上市流通的比例较小，从而使得房价与家庭收入之间表现出明显的不匹配现象。根据国家统计局全国人口普查和全国 1% 人口抽样调查数据，2005~2010 年我国城市购买原公有住房的家庭数减少 23.6%，但如果考虑到 2010 年租赁私房的家庭中有一定比例居住在出租的房改私房中，保守假设该比例为 15%~20%，则 2005~2010 年这五年间，

[①] 住户调查问卷中将自有住房类型分为四类，包括原有私房、房改私房、购买商品房和购买经济适用房。但由于购买经济适用房的样本量较小，而且 2010 年上海没有实施经济适用房政策，因此，此处在比较不同类型自有住房家庭的家庭特征和住房特征时，没有将购买经济适用房的家庭纳入。

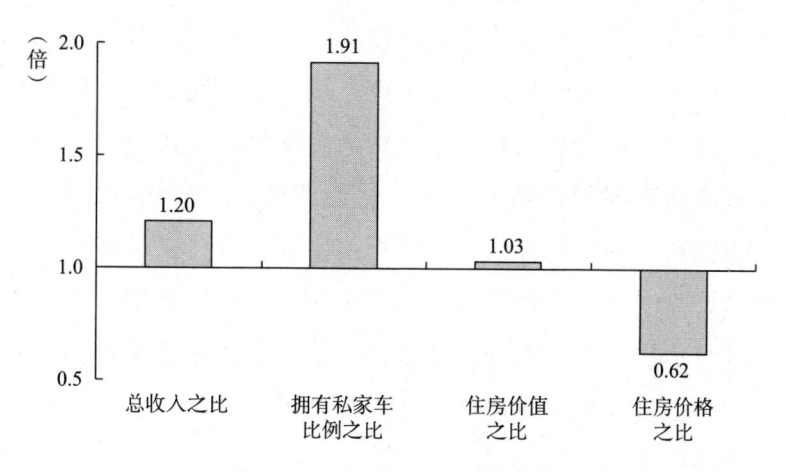

第四章 我国城镇居民家庭的住房租买结构特点

图4-21 购买商品房家庭与房改私房家庭收入与房价水平的比较

资料来源：五城市城镇住户调查数据。

住在房改私房中的家庭数量仅减少4%~8%，平均每年交易量为47万~76万套，仅相当于我国同期新建商品住宅年均销售套数的3%~7%，这表明房改私房上市交易的比例很小。这是导致我国大中城市中心区房价上涨过快的一个原因。

（三）住房需求弹性的估计

在住房需求的相关研究中，收入弹性和价格弹性是表征住房需求特征的关键指标。因此，本部分从需求弹性的角度分析自有与租赁住房家庭的住房需求特征。

住房需求弹性的估计方法并不复杂，估计结果的准确性取决于住房需求函数中主要变量的界定和选取，学术界对住房需求方程的诸多讨论也集中于此。从现实应用来看，住房需求弹性是用来判断住房消费支持政策实施效果的重要指标，较小的住房需求收入弹性意味着通过收入转移支持住房消费的政策作用效果有限，较小的住房需求价格弹性则意味着通过租金补贴支持住房消费的政策效果不理想。

住房需求函数可以简单地表达为：住房消费量 = f（家庭收入，

住房服务价格，其他商品价格，家庭人口特征）。其中，住房消费量、家庭收入、住房服务价格是三个关键变量。由于同质的住房消费量难以度量，研究中通常将它转化为住房消费支出。住房消费支出对于租赁住房家庭而言即为市场租金额，对于自有住房家庭则为虚拟租金，但由于虚拟租金难以准确估计，可以使用住房总价来代替。对于耐用品，在估计需求收入弹性时应采用持久收入，研究表明，采用当前收入会造成对住房需求收入弹性的低估。住房服务价格是指同质住房的价格，在实证研究中可以用同质住房价格指数度量或通过计算标准住房的服务价格获得。

1. 持久收入方程的估计

在估计住房需求弹性前，首先需要对家庭持久收入进行计算。本书采用家庭特征回归法计算持久收入，其基本思路是：当前收入＝持久收入＋暂时收入。其中，持久收入是家庭生命周期、人力资本和非人力资本的函数，暂时收入是与持久收入不相关的随机项。按照这一思路，本书以户主年龄作为反映家庭生命周期的变量，从户主的受教育程度、就业领域、行业类型、职业类型四个方面选取变量反映人力资本情况，以家庭是否拥有私家车作为反映非人力资本的变量，同时控制家庭人口，构建持久收入方程，估计结果见表4-6。

表4-6 持久收入方程的估计结果

被解释变量：家庭当前收入（对数形式）

解释变量	系数估计值	标准差	t统计量	伴随概率
常数项	9.1966	0.079	115.709	0.000
家庭人口	0.1433	0.003	43.947	0.000
户主年龄	0.0190	0.003	7.195	0.000
户主年龄的平方	-0.0002	0.000	-6.516	0.000
文化程度为小学（哑元变量）	0.0692	0.061	1.131	0.258

续表

解释变量	系数估计值	标准差	t统计量	伴随概率
文化程度为初中（哑元变量）	0.1521	0.060	2.550	0.011
文化程度为高中（哑元变量）	0.3349	0.060	5.599	0.000
文化程度为中专（哑元变量）	0.4252	0.061	7.013	0.000
文化程度为大专（哑元变量）	0.6388	0.060	10.646	0.000
文化程度为本科（哑元变量）	0.8649	0.060	14.384	0.000
文化程度为研究生（哑元变量）	1.1545	0.062	18.753	0.000
国有经济单位职工（哑元变量）	0.1970	0.014	13.650	0.000
城镇集体经济单位职工（哑元变量）	0.0467	0.018	2.525	0.012
其他经济类型单位职工（哑元变量）	0.2472	0.015	16.047	0.000
个体或私营企业主（哑元变量）	0.4946	0.019	25.745	0.000
个体或私营企业被雇者（哑元变量）	0.1149	0.015	7.853	0.000
离退休再就业人员（哑元变量）	-0.0910	0.027	-3.355	0.001
机关企事业单位负责人（哑元变量）	0.2191	0.014	15.284	0.000
专业技术人员（哑元变量）	0.1461	0.008	18.720	0.000
从事科技金融房地产行业（哑元变量）	0.1340	0.011	11.939	0.000
是否拥有私家车（哑元变量）	0.3435	0.007	47.340	0.000
城市哑元变量，上海	0.2094	0.008	25.300	0.000
城市哑元变量，深圳	0.2765	0.012	23.460	0.000
城市哑元变量，成都	-0.1726	0.013	-13.271	0.000
城市哑元变量，杭州	0.1663	0.012	14.334	0.000
统计量				
调整后的 R^2	0.409	样本量（个）		32363

从估计结果来看，持久收入与户主年龄之间呈现倒U形关系，随着户主年龄的增长，持久收入增长速度先提升后下降，户主年龄在46岁的时候，家庭持久收入增速达到最高。随着户主受教育程度的提

高，家庭持久收入水平上升。模型其他解释变量的估计结果均与预期相符。

2. 住房需求方程的估计

引入对家庭持久收入的估计结果，本部分分别估计住房消费需求与投资需求方程。参考 Ioannides 和 Rosenthal（1994）的研究，对于租赁住房需求，此处选取租赁住房同时在别处没有住房的家庭为样本，以反映纯粹的住房消费需求；同时，以拥有两套及以上住房的家庭为样本近似估计住房投资需求。采用对数模型分别估计住房消费需求方程、住房投资需求方程和混合需求方程，结果见表4-7。

表4-7 自有与租赁住房家庭住房需求方程的估计结果

被解释变量：ln（住房消费支出）

解释变量	模型Ⅰ：租赁住房需求方程	模型Ⅱ：自有住房需求方程	模型Ⅲ：多套房需求方程
常数项	-2.653 *** (-7.28)	-6.010 *** (-46.65)	-5.709 *** (-17.87)
ln（家庭持久收入）	0.374 *** (12.78)	0.404 *** (43.55)	0.461 *** (20.87)
ln（住房服务价格）	0.019 *** (44.52)	-0.125 *** (-95.44)	-0.140 *** (-37.42)
ln（户主年龄）	-0.040 (-0.86)	0.285 *** (15.64)	0.292 *** (6.56)
ln（家庭人口）	0.024 (0.95)	-0.046 *** (-4.03)	-0.117 *** (-3.92)
本地农村户口（哑元变量）	0.115 (1.32)	-0.130 *** (-7.32)	-0.271 *** (-7.22)
外地非农户口（哑元变量）	-0.012 (-0.36)	0.011 (0.93)	0.149 *** (4.03)

续表

解释变量	模型Ⅰ：租赁住房需求方程	模型Ⅱ：自有住房需求方程	模型Ⅲ：多套房需求方程
外地农村户口（哑元变量）	-0.254*** (-7.68)	-0.093*** (-4.78)	0.009 (0.15)
统计量			
调整后的 R^2	0.551	0.537	0.484
样本量（个）	3061	13404	2905

注：*** 指在99%的置信度下显著，** 指在95%的置信度下显著，* 指在90%的置信度下显著；括号内为 t 统计量。

对于自有住房家庭，住房消费支出用住房价值来度量，住房服务价格为各城市以区划为单位的住房价格指数；对于租赁住房家庭，住房消费支出用月租金来度量，住房服务价格为各城市以区划为单位的住房租金指数。住房价格指数与住房租金指数采用特征价格方程（Hedonic 模型）估计得出，估计结果见附录1。

（1）住房需求收入弹性。

表4-7中模型Ⅰ的估计结果显示，我国城镇居民租赁住房需求的收入弹性为0.374，即家庭收入每增加10%，租赁住房需求将增加3.74%；模型Ⅱ的估计结果表明，自有住房需求的收入弹性为0.404，即家庭收入每增加10%，住房购买需求将增加4.04%。自有住房需求的收入弹性大于租赁住房需求的收入弹性，表明住房购买行为本身兼有消费需求和投资需求，这与理论预期和多数文献研究结果相一致。但从住房需求弹性的大小来看，本书计算得出的我国城镇居民住房需求弹性小于多数发达国家和发展中国家，也低于郑思齐（2007）利用2002年中国辽宁、广东和四川三省数据估计的结果（见表4-8）。

表4-8 已有研究对住房需求收入弹性的估计值

研究文献	国家或地区	调查年份	自有住房需求收入弹性	租赁住房需求收入弹性
世界银行研究报告（Malpezzi and Mayo, 1987）	韩国	1976年	0.62	0.42
	哥伦比亚波哥大	1978年	0.78	0.72~0.80
	哥伦比亚卡利	1978年	0.76	0.16~0.47
	哥伦比亚喀他赫纳	1978年	1.19	0.78
	巴西萨尔瓦多	1980年	0.45~1.05	0.27~0.43
Leeuw (1971)	美国	1960年	1.1~1.5	0.8~1.0
Carliner (1973)	美国	1968~1971年	0.6~0.7	0.5
Mulford (1979)	美国威斯康星和印第安纳州	1974~1977年	0.45	0.19
Horioka (1988)	日本	1981年	1.4	
Moriizumi (1993)	日本东京	1980年	0.11	-0.05
Tiwari (2000)	日本东京	1993年	0.37	0.26
Börsch-Supan 等 (2001)	日本	1993年	0.38	—
	德国	1988年	1.08	—
Ermisch (1996)	英国六大都市	1988年	0.5	—
Hunt (2005)	英国	综述已有研究	接近1	
Hansson-Brusewitz (1997)	瑞典	1980年	0.98	
郑思齐 (2007)	中国	2002年	0.655	0.499

注：日本和瑞典的住房需求收入弹性没有区分自有住房与租赁住房。

Mulford（1979）研究指出，住房需求收入弹性的估计结果受到收入的度量、租买产权结构和数据类型的影响。一般而言，用持久收入估计得出的弹性要高于用当前收入估计得出的结果；自有住房需求收入弹性高于租赁住房需求收入弹性；从数据类型的角度来看，用汇总数据估计的弹性通常会大于用微观个体数据的估计结果，用多个城市样本估计得出的弹性往往大于用单个城市估计得出的结果。

本书采用五城市微观个体数据、引入持久收入分别对自有住房与租赁住房需求收入弹性进行估计。即使考虑 Mulford（1979）所列因素的影响，估计得出的我国城镇居民住房需求收入弹性仍然是较小的。这一结果意味着，在我国通过收入转移支持住房需求的政策难以取得明显效果。

从模型Ⅰ和模型Ⅲ的估计结果来看，我国城镇居民住房消费需求和投资需求的收入弹性分别为 0.374 和 0.461。这一结论与 Ioannides 和 Rosenthal（1994）利用 1983 年数据对美国进行的实证研究结果相似，他们研究得出的住房消费需求的收入弹性为 0.45，住房投资需求的收入弹性为 0.542。基于模型Ⅰ、模型Ⅱ和模型Ⅲ对住房需求收入弹性的估计，可以推算得出，自有住房需求中投资性需求和消费性需求分别占 35% 和 65%[①]，表明多数家庭的住房购买仍以消费性需求为主。Ioannides 和 Rosenthal（1994）对美国的实证研究认为，美国多数家庭住房需求以消费需求为主。而 Lin 和 Lin（1999）对台湾地区的实证研究发现，家庭住房购买中的消费动机和投资动机分别占 26% 和 74%，投资需求占据主导。

（2）住房需求价格弹性。

表 4-7 中模型Ⅱ的估计结果表明，自有住房需求的价格弹性为 -0.125，即住房价格每上涨 10%，住房购买需求将减少 1.25%；模型Ⅰ的估计结果显示，租赁住房需求的价格弹性为 0.019，接近于无价格弹性，这说明多数家庭在进行住房租赁时，以满足最基本的生活需求为主，仅仅将住房租赁作为实现住房需求的一种过渡。Moriizumi（1993）对日本年轻租房家庭的消费储蓄行为的研究也有类似

[①] 推算方法参照 Lin 和 Lin（1999）。

的发现,即年轻租房家庭为了实现购房目标,在租房期间会大幅压缩消费以积累更多储蓄达到购房的首付款要求,它们的消费行为与理想的生命周期消费计划严重背离。

从住房需求价格弹性绝对值的大小来看,本书计算得出的自有住房和租赁住房需求价格弹性小于表4-9中所列出的多数国家的估计值,也低于郑思齐(2007)的估计结果。较小的住房需求价格弹性意味着基于租金补贴的住房政策对改善住房条件的作用有限。

表4-9 已有研究对住房需求价格弹性的估计值

研究文献	国家或地区	调查年份	自有住房需求价格弹性	租赁住房需求价格弹性
世界银行研究报告(Malpezzi and Mayo, 1987)	韩国	1976年	-0.05	-0.06
	哥伦比亚波哥大	1978年	-0.44	-0.08 ~ -0.28
	哥伦比亚卡利	1978年	—	-0.3 ~ -0.48
Leeuw (1971)	美国	1960年	—	-0.7 ~ -1.5
Carliner (1973)	美国	1968~1971年	-0.8	0.022
Hanushek 和 Quigley (1980)	美国匹兹堡和凤凰城	1980年前	—	匹兹堡:-0.22 ~ -0.54 凤凰城:-0.19 ~ -0.63
Horioka (1988)	日本	1981年	-0.8	
Moriizumi (1993)	日本东京	1980年	-0.13	-0.67
Tiwari (2000)	日本东京	1993年	-0.38	-0.33
Börsch-Supan 等 (2001)	日本	1993年	-0.01	—
	德国	1988年	-1.55	—
Ermisch (1996)	英国六大都市	1988年	-0.4	—
Hunt (2005)	英国	综述已有研究	-0.5	

续表

研究文献	国家或地区	调查年份	自有住房需求价格弹性	租赁住房需求价格弹性
Hansson-Brusewitz（1997）	瑞典	1980年	-0.98	
郑思齐（2007）	中国	2002年	-0.490	-0.309

注：日本和瑞典的住房需求价格弹性没有区分自有住房与租赁住房。

从消费和投资的角度来看，模型Ⅲ的估计结果表明，住房投资需求的价格弹性明显高于消费需求价格弹性，估计结果与理论预期相一致。

（3）其他影响因素。

反映家庭生命周期的两个变量"户主年龄"和"家庭人口"在模型Ⅰ的估计结果中不显著，而在模型Ⅱ的估计结果中显著，这再次印证了上述对租赁住房需求价格弹性的解释，即多数家庭将租赁住房作为一种过渡，倾向于压缩租赁住房消费以增加储蓄最终实现住房自有。但对于自有住房家庭而言，住房需求受家庭生命周期影响显著，随着户主年龄的增长而增加，随着家庭人口规模的增大而减小。

以户口性质分类的哑元变量在模型Ⅰ和模型Ⅱ的估计结果表明，外地农村户口家庭的租赁住房需求明显小于其他家庭，体现了我国当前城镇化过程中，外来农村人口将城市作为临时居所的"候鸟式"迁移特点，他们的住房消费意愿不足；农村户口家庭的自有住房需求明显小于非农户口家庭，这可能体现了农村户口家庭与非农户口家庭在财富积累以及获得代际帮助方面的差异。

第五章
我国城镇居民家庭住房租买选择的微观决定机理研究

本章在第三章理论分析框架和第四章特征性事实描述的基础上，利用计量经济学模型，定量检验我国城镇居民住房租买选择的影响因素及其作用效果。定量研究从三个维度开展：一是利用二元 Logit 选择模型，研究居民家庭住房租买的现状选择；二是综合运用多元排序选择模型和二元 Logit 模型，研究居民家庭住房选择的投资性倾向；三是综合运用多元排序选择模型和二元 Logit 模型，研究居民家庭未来购房意愿选择。其中，前两个维度的研究以通过市场化途径获取住房的家庭为样本，最后一个维度的研究以全部家庭为样本。

一 变量选择及度量

结合理论分析框架和已有文献研究结果，本章从家庭属性、住房属性和制度环境因素三个方面选取变量。但受数据可得性的约束，理论分析中提出的影响因素难以在实证研究中完全度量。在已有数据的基础上，最终选择的代表变量如表 5-1 所示。

第五章 我国城镇居民家庭住房租买选择的微观决定机理研究

表5-1 变量选择及描述性统计

指标分类	隶属指标	指标含义	单位	均值
家庭属性	家庭人口	反映家庭特征	人	2.77
	户主年龄	反映家庭生命周期	岁	38.63
	户主性别	反映家庭特征	哑元变量，户主是男性为1	0.73
	家庭持久收入	反映家庭收入水平	元/年	73700
	家庭暂时收入	反映暂时性收入	元/年	16900
	是否拥有私家车	反映家庭财富水平	哑元变量，拥有私家车为1	0.40
	在本市居住时间	反映家庭居住稳定性	年	26.10
住房属性	住房房龄	反映住房质量	年	13.45
	租金房价比*	反映租买相对成本	—	18.68
制度环境因素	户主的户口性质	反映户籍制度的影响	哑元变量	本地非农：61.9% 本地农村：4.6% 外地非农：17.9% 外地农村：15.5%
	是否参与住房公积金制度	反映住房公积金制度的影响	哑元变量，参与公积金制度为1	0.44
	购买二手房家庭占全部家庭比例	反映住房市场成熟度	%	3.94
	近三年房价年均涨幅	反映房价上涨预期	%	17.58

注：*指住房租金与住房价格之比，此处采用的租金与住房价格均为同质价格指数。

家庭属性。家庭人口、户主性别用来反映家庭特征，户主年龄反映家庭生命周期特征，家庭收入水平用持久收入和暂时收入来度量，用是否拥有私家车反映财富水平，在本市居住时间用来反映家庭的居住稳定性。从描述性统计结果来看，样本中家庭人口平均为2.77人，户主平均年龄为38.63岁，户主在本市居住时间平均为26.10年，家庭平均持久收入为7.37万元/年，40%的家庭拥有私家车。

住房属性。租金房价比用来度量住房租买相对成本，这是租买选择模型中反映住房属性的关键变量。其中，租金和房价分别是采用特征价格方程计算得到的同质价格指数。住房房龄用来反映住房质量。按照描述性统计结果，样本家庭住房平均房龄为 13.45 年，也就是说，接近半数住房建成于"房改"之后。

制度环境因素。本章分别从四个方面选取制度环境因素的度量指标。一是户籍制度的影响，用户主的户口性质来反映。根据描述性统计结果，样本中本地非农户口、本地农村户口、外地非农户口、外地农村户口家庭占比分别为 61.9%、4.6%、17.9% 和 15.5%。二是住房政策的影响，以家庭是否参与住房公积金制度来衡量。从描述性统计结果来看，样本中 44% 的家庭参与住房公积金制度。三是住房市场成熟度的影响，用购买二手房家庭占全部家庭的比例来衡量。样本中的五个城市购买二手房家庭在全部家庭中的占比仅为 3.94%。四是房价上涨预期的影响，用近三年商品住宅价格年均涨幅来衡量。从统计结果来看，五个城市近三年房价年均涨幅为 17.58%。此外，住房租赁市场的完善程度也是影响居民住房租买选择的一个重要因素，但本章研究的数据基础中难以找到合适的指标对它进行量化。

二 城镇居民家庭住房租买二元选择研究

本章采用二元 Logit 模型，对城镇居民家庭住房租买选择行为进行实证研究。正如文献综述中指出的，本章研究采用的数据为截面数据，研究对象为调查时点已经购买或已经租赁住房的家庭。但家庭当前的租买选择结果很可能是过去做出的，因此，存在选择结果与影响因素在时间上并不是完全对应的问题。为弥补这一不足，模型的估计从两个方面展开。一是利用城镇住户调查全样本数据，采用延时静态

第五章 我国城镇居民家庭住房租买选择的微观决定机理研究

分析方法，对城镇居民家庭住房租买选择进行二元 Logit 模型估计，模型估计结果如表 5-2 所示。二是根据问卷中"住户在本处住房开始居住的时间"这一问题，分别选取近三年内和近五年内刚搬迁家庭为样本，采用近似实时静态分析方法，估计居民家庭住房租买选择二元 Logit 模型，模型估计结果如表 5-3 所示。

表 5-2 城镇居民家庭住房租买选择的二元 Logit 模型估计结果

被解释变量：住房租买选择结果，0-1 变量（住房自有 =1，住房租赁 =0）

解释变量	模型 I	模型 II	模型 III
常数项	-11.303*** (-13.26)	-9.625*** (-9.40)	-8.650*** (-8.02)
户主年龄	0.129*** (6.32)	0.127*** (5.78)	0.136*** (6.19)
户主年龄的平方	-0.0013*** (-5.14)	-0.0012*** (-4.42)	-0.0013*** (-4.74)
家庭人口	0.258*** (9.66)	0.268*** (9.36)	0.319*** (10.86)
户主性别	0.197*** (3.50)	0.258*** (4.29)	0.250*** (4.14)
在本市居住时间	0.036*** (17.70)	0.039*** (17.82)	0.033*** (14.57)
家庭持久收入 （对数形式）	0.769*** (10.66)	0.701*** (8.59)	0.478*** (5.56)
家庭暂时收入 （对数形式）	0.268*** (6.05)	0.176*** (3.76)	0.130*** (2.74)
是否拥 有私家车	0.861*** (13.13)	0.661*** (9.06)	0.713*** (9.66)
本地农村户口 （哑元变量）	-0.697*** (-6.15)	-0.674*** (-5.58)	-0.686*** (-5.56)
外地非农户口 （哑元变量）	-1.350*** (-20.37)	-1.409*** (-19.86)	-1.372*** (-19.09)

续表

解释变量	模型Ⅰ	模型Ⅱ	模型Ⅲ
外地农村户口（哑元变量）	-2.637*** (-32.20)	-2.710*** (-30.08)	-2.590*** (-28.32)
住房房龄		-0.095*** (-28.02)	-0.098*** (-28.71)
租金房价比		0.018* (1.70)	0.016 (1.51)
近三年房价年均涨幅			0.068*** (8.57)
是否参与住房公积金制度			0.326*** (4.99)
统计量			
LR 统计值	7692	8417	8543
LR 统计值的伴随概率	0.000	0.000	0.000
样本量（个）	16626	16460	16447

注：*** 指在99%的置信度下显著，* 指在90%的置信度下显著；括号内为 z 统计量。

表5-3　新搬迁家庭住房租买选择的二元 Logit 模型估计结果

被解释变量：住房租买选择结果，0-1变量（住房自有=1，住房租赁=0）

解释变量	模型Ⅰ：在本处住房居住时间不超过3年	模型Ⅱ：在本处住房居住时间不超过5年
常数项	-6.823*** (-4.69)	-8.940*** (-7.02)
户主年龄	0.0576* (1.88)	0.110*** (4.07)
户主年龄的平方	-0.0006 (-1.54)	-0.0012*** (-3.50)
家庭人口	0.178*** (4.48)	0.229*** (6.64)

第五章　我国城镇居民家庭住房租买选择的微观决定机理研究

续表

解释变量	模型Ⅰ：在本处住房居住时间不超过3年	模型Ⅱ：在本处住房居住时间不超过5年
户主性别	0.199** (2.40)	0.211*** (2.93)
在本市居住时间	0.021*** (6.68)	0.024*** (8.75)
家庭持久收入（对数形式）	0.489*** (4.15)	0.559*** (5.45)
家庭暂时收入（对数形式）	0.138** (2.13)	0.124** (2.21)
是否拥有私家车	0.700*** (6.98)	0.655*** (7.54)
本地农村户口（哑元变量）	-0.164*** (-0.94)	-0.272* (-1.78)
外地非农户口（哑元变量）	-1.091*** (-11.12)	-1.120*** (-13.17)
外地农村户口（哑元变量）	-2.110*** (-16.23)	-2.158*** (-19.43)
住房房龄	-0.083*** (-17.60)	-0.094*** (-22.70)
租金房价比	-0.008 (-0.52)	0.012 (0.87)
近三年房价年均涨幅	0.047*** (4.38)	0.062*** (6.67)
是否参与住房公积金制度	0.438*** (4.86)	0.458*** (5.85)
统计量		
LR统计值	2566	4346
LR统计值的伴随概率	0.000	0.000
样本量（个）	5322	7903

注：*** 指在99%的置信度下显著，** 指在95%的置信度下显著，* 指在90%的置信度下显著；括号内为z统计量。

表 5-2 中，模型Ⅰ到模型Ⅲ采用变量逐步引入的方法，估计结果显示，模型具有很好的稳定性。表 5-3 以新搬迁家庭为样本的估计结果为表 5-2 的估计结果提供了很好的支持，各变量的影响关系表现出一致性。本书将在表 5-2 中模型Ⅲ的基础上对实证研究结果进行解释，并以其他模型估计结果作为补充。

（1）家庭生命周期和居住稳定性对住房租买选择的影响效应显著，年轻家庭和新迁入家庭是住房租赁市场的稳定需求者。

住房租买选择与家庭生命周期之间表现为倒 U 形关系，即随着户主年龄的增长，住房自有概率先提升后下降。从表 5-2 中全样本的估计系数来看，户主年龄为 65~70 岁时，住房自有发生比[①]达到最高；从表 5-3 中新搬迁家庭样本的系数估计值来看，户主年龄为 44~47 岁时，住房自有发生比达到最高。这一结果表明，户主年龄为 65~70 岁的家庭住房自有率最高；而家庭住房改善需求的高峰则出现在户主年龄为 44~47 岁这一阶段。

随着家庭在本市居住时间的增加，住房自有发生比显著提高。估计系数表明，家庭在本市居住时间每增加 1 年，住房自有发生比大约上升 3%。此外，住房自有发生比随着家庭人口的增加而提高，户主是男性的家庭住房自有概率大于户主是女性的家庭。

上述实证研究结果表明，年轻家庭和新迁入家庭，是住房租赁市场稳定的需求者。

（2）家庭收入和财富水平是影响住房租买选择的重要经济因素，对未来收入变化的预期影响家庭住房选择行为。

反映家庭收入水平和财富水平的变量对住房租买选择的影响显著为正。其中，家庭持久收入每增长 10%，住房自有发生比上升 6%；

---

① 住房自有发生比是指家庭选择住房自有的概率与选择住房租赁的概率的比值。

第五章 我国城镇居民家庭住房租买选择的微观决定机理研究

家庭暂时收入每增加10%，住房自有发生比上升1.4%；如果引入当前收入替代持久收入和暂时收入，则结果显示，家庭当前收入每增长10%，住房自有发生比上升2.5%。与理论预期一致，持久收入对住房选择的影响明显大于当前收入，说明家庭进行住房选择时不单单考虑当前收入，更会考虑对未来收入变化的预期。特别是在我国处于经济较快增长阶段，家庭对未来收入增长的预期普遍乐观，从而使得持久收入对住房选择的影响程度更大。从变量"是否拥有私家车"的估计系数来看，家庭财富水平对住房租买选择的影响显著，拥有私家车的家庭住房自有发生比大约是无私家车家庭的2倍。

（3）家庭进行租买选择时会权衡自有与租赁住房的相对价格，租金变化对租买选择的影响大于房价变化的影响。

租买相对成本，是从成本费用角度分析住房租买选择行为的关键变量。表5-2中模型Ⅱ的估计结果显示，租金房价比对租买选择的影响显著为正，表明家庭的住房选择是权衡自有住房与租赁住房的相对价格之后做出的理性决策。

为检验租金和房价变化对住房租买选择的影响，可以将模型Ⅲ中"租金房价比"变量换成"租金指数"和"房价指数"（采用对数形式引入），结果显示，住房租金的变化对住房自有发生比的影响系数显著为正，而房价的变化虽然对住房自有发生比的影响为负，但估计系数并不显著。这一结果表明，租金的变化对租买选择的影响远远大于房价变化的影响，这意味着租金的稳定对住房租赁市场的发展至关重要。比较模型Ⅱ与模型Ⅲ的估计结果，可以发现，租买相对成本对家庭住房选择的影响小于房价上涨预期的影响，这是我国住房市场中租售比扭曲的原因之一。

此外，随着住房房龄的增加，住房自有发生比下降，表明租赁住房以存量旧房为主，这与住房市场过滤机制相符。

(4)户籍制度影响着家庭的租买选择,外地户口尤其是外地农村户口家庭实现住房自有的能力明显弱于本地户口家庭。

从户口性质变量的估计系数可以看出,本地非农户口家庭住房自有率最高,其次是本地农村户口家庭,之后依次是外地非农户口家庭和外地农村户口家庭。与本地非农户口家庭相比,本地农村户口家庭住房自有发生比减小52%,外地非农户口家庭和外地农村户口家庭住房自有发生比分别减小75%和92%。这一结果表明,在同样的收入水平和家庭特征下,外地户口家庭实现住房自有的概率明显低于本地户口家庭,其中,外地农村户口家庭住房自有概率最低。对这一结果的解释如下:一方面,我国特殊的户口制度使得居民可以获得的各项福利都本地化且与户籍绑定,这增加了本地户口家庭除经营性收入以外的其他福利性收入,从而增强了它们在住房市场中实现住房自有的能力;另一方面,城市家庭获得福利性收入与获得住房代际帮助的机会明显大于农村家庭,从而使得非农户口家庭实现住房自有的概率大于农村户口家庭。

(5)较高的房价上涨预期增加了家庭选择住房自有的倾向。

本书采用"近三年房价年均涨幅"反映家庭对未来房价上涨的预期,属于短视预期假设。模型结果显示,房价年均涨幅每增加1个百分点,住房自有发生比上升7.0%。

"房改"以来,我国多数城市经历了房价的持续上涨,除2008年受国际金融危机影响房价出现短期下降外,其他年份房价总体呈上升态势,而且,房价涨幅超过收入涨幅(任荣荣等,2012)。这种房价走势很容易使人们产生一种短视预期心理。在房价上涨预期下,家庭会增加选择住房自有的倾向,甚至会做出提前购买决策。

(6)住房公积金制度为家庭实现住房自有提供了支持。

住房公积金制度对住房自有发生比的影响显著为正,估计系数表明，住房公积金制度覆盖群体的住房自有发生比比未参加住房公积金制度的群体高38.5%。这在一定程度上说明，住房公积金制度在支持家庭实现住房自有方面发挥了积极作用。

但是，由于目前住房公积金缴存人只覆盖全部城镇就业人员的1/3，且缴存人群主要为在党政机关、事业单位和国有企业的"体制内"员工，因此，"是否参加住房公积金制度"这一变量可能受户主职业类型的影响，从而可能导致估计结果存在偏差。为剥离这一因素的影响，本书尝试在模型Ⅲ的基础上引入户主职业类型变量，结果显示，"是否参与住房公积金制度"这一变量对住房自有选择的影响仍然在99%的置信度下显著为正。这一结果很好地印证了住房公积金制度对家庭实现住房自有的支持。

此外，模型中尝试引入变量"购买二手房家庭在全部家庭中占比"，反映住房市场成熟度。该指标反映的住房市场成熟度，对住房自有选择有显著的正向影响。理论上，随着二手房市场的活跃，家庭进行住房选择和再选择的机会增加，这将提高住房资产的变现能力，进而鼓励家庭实现住房自有。但本书的实证结果显示，这一变量的作用结果不理想。这可能因为这一指标不能很好地反映市场成熟度，在本书的五个城市中，购买二手房家庭在全部家庭中占比仅为3.94%。

三 城镇居民家庭住房产权细分选择研究

受数据可得性的限制，目前国内外关于住房产权细分选择的研究文献较少。与传统的二元选择模型相比，住房产权细分选择的优势主要体现在两个方面：一是可以用来分析住房投资需求倾向及其影响因素；二是可以观察租赁住房同时在别处拥有住房和自有住房同时在别处拥有住房两类家庭住房选择的行为特征及其影响因素。

本书研究样本中五个城市住房产权细分类型为 RENT1、RENT2、OWN1 和 OWN2 的比例分别为 17.2%、9.7%、57.2% 和 15.9%（见表 5-4）。其中，租赁住房同时在别处拥有住房的家庭占比在成都最高，达到 18.2%；该比例在北京最低，为 7.5%。拥有多套房的家庭占比在杭州和上海最高，超过 20%，该比例在深圳最低，为 5.3%。国外相关研究成果显示，2005 年韩国全部家庭中租赁住房同时在别处拥有住房的家庭占 13.8%，其中城市范围内该比例更高，为 27.0%（Kim and Jeon，2012）；1983 年美国抽样调查的家庭中，租赁住房同时在别处拥有住房的家庭占 3%，拥有多套住房的家庭占 15%（Ioannides and Rosenthal，1994）。可见，我国五城市中租赁住房同时在别处拥有住房的家庭占比介于韩国与美国之间；拥有多套住房的家庭占比略高于美国。理论上，住房市场中租赁住房同时在别处拥有住房的家庭占比越高，意味着住房投资倾向越强。

表 5-4 五城市住房产权细分结构

单位：%

住房产权细分类型	五城市平均	北京	上海	深圳	成都	杭州
租赁住房同时在别处没有住房（RENT1）	17.2	12.5	7.8	46.7	14.5	9.8
租赁住房同时在别处拥有住房（RENT2）	9.7	7.5	11.4	10.2	18.2	7.6
自有住房同时在别处没有住房（OWN1）	57.2	65.4	58.7	37.9	53.7	57.1
自有住房同时在别处拥有住房（OWN2）	15.9	14.6	22.2	5.3	13.6	25.4

在完全市场化条件下，家庭获得第二套及以上住房的概率主要由家庭生命周期形成的住房偏好以及收入、财富决定的住房支付能力等因素决定。但中国制度转型和住房制度改革的特殊背景，导致中国城

镇居民家庭占有第二居所的因素不同于西方国家,如通过自建住房、购买房改私房、购买经济适用房等非市场化途径获得住房,出于安置老人和子女受教育目的而购买或租赁第二居所,当然,也包括投资性的多套住房。易成栋和黄友琴(2010)利用2005年微观调查数据的研究表明,中国城市6.2%的家庭自有多套住房,从地理特征上看,直辖市和省会市辖区自有多套住房家庭比重低于其他城市,一二线城市自有多套住房家庭比重低于三四线城市。本书采用的五城市样本中拥有多套住房家庭占比明显高于易成栋和黄友琴(2010)利用2005年数据的统计结果,表明这一期间我国拥有多套房家庭的数量在快速增加。

本书采用排序选择模型和二元 Logit 模型,对居民家庭住房产权细分选择的影响因素进行实证研究,模型估计结果如表5-5所示。模型Ⅰ为排序选择模型,被解释变量为 $SUBTENURE$,分为四类:租赁住房同时在别处没有住房($RENT1$,赋值为1),租赁住房同时在别处拥有住房($RENT2$,赋值为2),自有住房同时在别处没有住房($OWN1$,赋值为3),自有住房同时在别处拥有住房($OWN2$,赋值为4)。模型Ⅱ、模型Ⅲ和模型Ⅳ均为二元选择模型,以租赁住房同时在别处没有住房的家庭为参照($RENT1$ 取值为0),其他住房选择与之比较,以反映其他住房选择行为与纯粹的住房消费行为之间的差异。

表5-5 城镇居民家庭住房产权细分选择的估计结果

解释变量	模型Ⅰ: 排序选择模型 (被解释变量为 $SUBTENURE$)	模型Ⅱ: 二元 Logit 模型 (被解释变量为 $RENT2 = 1$)	模型Ⅲ: 二元 Logit 模型 (被解释变量为 $OWN1 = 1$)	模型Ⅳ: 二元 Logit 模型 (被解释变量为 $OWN2 = 1$)
常数项		29.69** (2.45)	-8.919*** (-7.06)	-11.81*** (-6.19)
户主年龄	0.0743*** (5.63)	0.007* (1.67)	0.039*** (9.36)	0.063*** (9.64)

续表

解释变量	模型Ⅰ：排序选择模型（被解释变量为 SUBTENURE）	模型Ⅱ：二元 Logit 模型（被解释变量为 RENT2 =1）	模型Ⅲ：二元 Logit 模型（被解释变量为 OWN1 =1）	模型Ⅳ：二元 Logit 模型（被解释变量为 OWN2 =1）
户主年龄的平方	-0.0006*** (-3.58)			
家庭人口	0.257*** (14.33)	0.193*** (5.46)	0.368*** (10.72)	0.370*** (6.77)
户主性别	0.131*** (3.57)	-0.026 (-0.35)	0.231*** (3.26)	0.241** (2.04)
在本市居住时间	0.017*** (12.25)	0.007** (1.97)	0.038*** (13.13)	0.038*** (9.25)
家庭持久收入（对数形式）	0.316*** (6.32)	-5.776*** (-2.58)	0.490*** (4.87)	0.729*** (4.57)
家庭持久收入（对数形式）的平方		0.247** (2.38)		
是否拥有私家车	0.722*** (16.54)	0.309*** (2.96)	0.731*** (8.20)	1.559*** (11.89)
本地农村户口	0.056 (0.69)	0.458** (2.30)	-0.594*** (-3.44)	0.308 (1.42)
外地非农户口	-1.207*** (-22.35)	-0.062 (-0.55)	-1.354*** (-16.1)	-1.803*** (-12.4)
外地农村户口	-2.054*** (-32.70)	-0.120 (-1.01)	-2.53*** (-24.8)	-2.57*** (-13.74)
住房房龄	-0.048*** (-24.41)	-0.001 (-0.51)	-0.100*** (-25.5)	-0.126*** (-17.8)
租金房价比	0.003 (0.49)	0.037*** (2.89)	0.029** (2.25)	-0.060*** (-2.90)
近三年房价年均涨幅	0.092*** (18.14)	0.118*** (12.31)	0.096*** (10.21)	0.126*** (8.34)

续表

解释变量	模型Ⅰ：排序选择模型（被解释变量为 SUBTENURE）	模型Ⅱ：二元 Logit 模型（被解释变量为 RENT2 = 1）	模型Ⅲ：二元 Logit 模型（被解释变量为 OWN1 = 1）	模型Ⅳ：二元 Logit 模型（被解释变量为 OWN2 = 1）
是否参与住房公积金制度	0.161*** (4.18)	-0.004 (-0.05)	0.345*** (4.36)	0.810*** (6.67)
统计量					
LR 统计值	9025	316	6434	5160
LR 统计值伴随概率	0.000	0.000	0.000	0.000
样本量（个）	17567	4419	13027	5625

注：***指在99%的置信度下显著，**指在95%的置信度下显著，*指在90%的置信度下显著；模型Ⅰ的三个临界点估计值分别是5.063、6.056、10.02，均在99%的置信度下显著；括号内为 z 统计量。

（一）住房投资需求倾向的主要影响因素

模型Ⅰ的估计结果可用于分析家庭住房投资需求倾向。

住房投资需求倾向受家庭生命周期的影响显著，且二者表现为倒U形关系，即随着户主年龄的增长，家庭住房投资需求倾向先增加后减小。从年龄变量及其二次项的系数估计值来看，户主年龄在62岁左右时，家庭住房投资需求倾向达到最高。此外，住房投资需求倾向随着家庭人数的增加而增加，随着家庭在本市居住时间的增加而增加。

家庭收入和财富水平对住房投资需求倾向的影响效应显著，这是实现家庭住房投资需求的重要经济基础。模型Ⅲ和模型Ⅳ中"家庭持久收入"和"是否拥有私家车"变量的估计系数也对模型Ⅰ的结果进行了验证，随着家庭收入水平和财富水平的提高，家庭拥有多套住房的概率提高。而且，这两个变量的估计系数在模型Ⅳ中最大，这与 Ioannides 和 Rosenthal（1994）的研究发现一致，即住房投资需求对家庭财富和收入的变化较敏感，而住房消费需求对人口特征和住房区位更敏感。

对比"租金房价比"与"近三年房价年均涨幅"两个变量的系数估计值，可以发现，影响住房投资需求的主要是房价上涨预期，相比之下，租买相对成本并不是显著的影响因素。

从户籍制度的影响来看，本地农村户口家庭与本地非农户口家庭的住房投资需求倾向没有显著差别，而外地户口家庭的住房投资需求倾向明显小于本地户口家庭。我国户籍制度的不公平在住房市场中通过住房的资产属性被进一步放大。

住房公积金制度对实现住房投资需求起到了正向推动作用。模型Ⅰ的估计结果显示，参加住房公积金制度的家庭，住房投资需求倾向明显高于未参加住房公积金制度的家庭；模型Ⅳ的估计结果再次表明，住房公积金制度涵盖的群体，拥有多套住房的概率更高。

（二）租赁但同时在别处拥有住房家庭的选择行为特征

模型Ⅱ的估计结果可用于分析租赁但同时在别处拥有住房家庭的选择行为。

与单纯的住房消费行为相比，租赁但同时在别处拥有住房的家庭在家庭生命周期中处于相对较后的阶段，户主年龄较大、家庭人口数较多；家庭在本市居住时间较长；家庭收入水平和财富水平较高。

这一住房产权形态的选择发生比与家庭收入水平之间呈现 U 形关系，即随着收入水平的提高，家庭租赁住房但同时在别处拥有住房的概率先下降后上升。模型估计结果表明，当家庭收入达到 11.86 万元时（进入样本家庭收入七分组的高收入组区间），这一住房产权形态的选择发生比达到最低。也就是说，低收入和最高收入家庭当前住房占有形态为租赁但同时在别处拥有住房的概率较高，这些家庭在租赁住房的同时实现了住房资产的拥有。变量"租金房价比"和"近三年房价年均涨幅"的系数估计值表明,随着租买相对成本的提高和对房价上涨预期的增强,家庭选择租赁但同时在别处拥有住房的概率升高,反映了这类家庭的住房投资倾向。

户口性质对租赁但同时在别处拥有住房的选择影响并不显著,除了本地农村户口选择这一产权形态的概率较高外,其他户口性质的家庭在这一产权形态的选择上无显著差异。

对于当前住房占有状态为租赁但同时在别处拥有住房的家庭,很多影响因素由于数据可得性的制约而无法引入模型中,如为了孩子上学问题而选择在学校周边临时租赁、调查时点购买的期房还未收房、拥有住房在本地还是外地等,因此,模型Ⅱ的拟合优度不高。这一问题需要设计专门的调查问卷开展更全面的研究。

(三)拥有多套住房家庭的选择行为特征

模型Ⅳ与模型Ⅲ估计结果的对比,可用于分析拥有多套房家庭的选择行为。

家庭特征变量中,户主年龄是影响多套房选择的一个关键因素。从模型Ⅳ与模型Ⅲ的比较来看,随着户主年龄的增长,拥有多套房的选择发生比明显增加,而家庭人口规模和户主在本市居住时间两个变量的估计系数在模型Ⅲ和模型Ⅳ中差别不大。与理论预期一致,家庭收入水平和财富水平对拥有多套房选择发生比的影响显著为正,且两个变量的系数估计值在模型Ⅲ和模型Ⅳ中的差别明显。

不同户口性质家庭拥有多套房的概率明显不同,本地户口与外地户口家庭之间拥有多套房比例的差异大于二者住房自有率的差异。这一结果再次显示了本地户口与外地户口家庭之间住房资源占有的不均等。

对比模型Ⅲ与模型Ⅳ中"近三年房价年均涨幅"和"是否参与住房公积金制度"两个变量的系数估计值,可以发现,房价上涨预期是推动家庭选择拥有多套住房的重要因素，住房公积金制度对家庭拥有多套住房起到了正向推动作用。

模型Ⅳ中"租金房价比"的估计系数显著为负，与预期相反，这可能与我国特殊的制度因素有关。由于房改、拆迁、继承等因素，我国很多"多套房持有者"的住房获取成本并不是完全市场化的，因此，他们对住房租买相对成本的考虑不一定遵循成本最小化原则。

四 城镇居民家庭住房购买意愿选择研究

住房现状选择研究中仅以通过市场化途径获得住房的家庭为样本，无法反映非市场化住房中家庭在未来进入住房市场的选择行为。为弥补这一不足，本书利用调查问卷中"您家计划何时购买新房"这一问题，构建住房意愿选择模型。以家庭购房计划（WTB）作为被解释变量，根据选项分别赋值如下："没有打算"过买新房的家庭WTB赋值为0，打算"5年后"购买新房的家庭WTB赋值为1，打算"3~5年"购买新房的家庭WTB赋值为2，打算"1~3年"购买新房的家庭WTB赋值为3，打算"1年内"购买新房的家庭WTB赋值为4。

本书采用的五城市城镇住户调查样本中，83.8%的家庭"没有打算"过购买新房，在16.2%的未来有购房计划的家庭中，购房时间为"1年内""1~3年""3~5年"和"5年后"的家庭占比分别为2.1%、5.7%、3.3%和5.0%（见图5-1）。

本研究采用排序选择模型和二元Logit模型，对城镇居民住房购买意愿选择进行分析，模型估计结果如表5-6所示。总体来看，模型Ⅰ、模型Ⅱ和模型Ⅲ的估计结果能够很好得吻合，表明模型估计结果具有较好的稳健性。

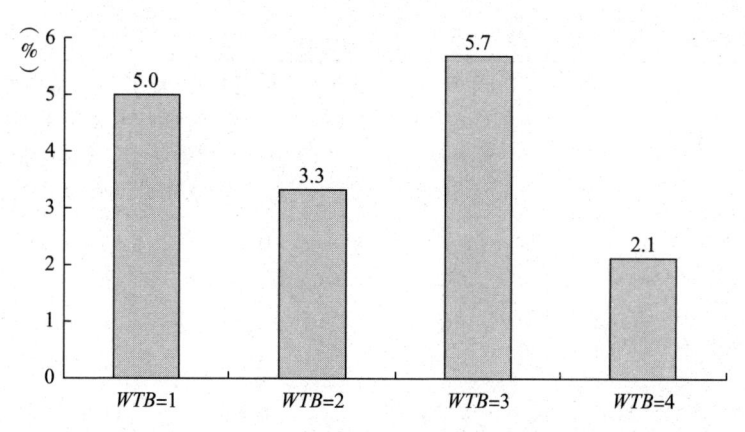

第五章 我国城镇居民家庭住房租买选择的微观决定机理研究

图 5-1 未来有购房计划家庭的购房时间选择

表 5-6 城镇居民家庭住房购买意愿选择的估计结果

解释变量	模型Ⅰ：排序选择模型（被解释变量为WTB）	模型Ⅱ：二元Logit模型（被解释变量为WTB5）	模型Ⅲ：二元Logit模型（被解释变量为WTB3）
常数项		-37.69*** (-5.62)	-42.58*** (-5.26)
户主年龄	-0.007*** (-3.23)	-0.005** (-2.08)	-0.002 (-0.66)
家庭人口	0.068 (1.13)	-0.054*** (-2.69)	-0.053** (-2.23)
家庭人口的平方	-0.017* (-1.79)		
户主性别	-0.001 (-0.02)	-0.018 (-0.44)	0.011 (0.22)
在本市居住时间	-0.007*** (-4.95)	-0.005*** (-3.38)	-0.006*** (-3.30)
家庭持久收入（对数形式）	4.320*** (4.65)	5.885*** (4.91)	6.546*** (4.52)

081

续表

解释变量	模型Ⅰ：排序选择模型（被解释变量为WTB）	模型Ⅱ：二元Logit模型（被解释变量为WTB5）	模型Ⅲ：二元Logit模型（被解释变量为WTB3）
家庭持久收入（对数形式）的平方	-0.175*** (-4.20)	-0.240*** (-4.47)	-0.267*** (-4.12)
是否拥有私家车	0.110*** (2.70)	0.103** (2.15)	0.142** (2.55)
本地农村户口（哑元变量）	-0.250*** (-3.38)	-0.348*** (-3.78)	-0.317*** (-2.90)
外地非农户口（哑元变量）	-0.094* (-1.65)	-0.027 (-0.42)	-0.045 (-0.60)
外地农村户口（哑元变量）	-0.572*** (-7.83)	-0.737*** (-8.23)	-0.816*** (-7.74)
住房房龄	0.004*** (3.06)	0.004*** (2.68)	0.002 (1.21)
租金房价比	0.006 (0.91)	0.029*** (3.59)	0.041*** (4.32)
房价收入比	-0.025*** (-17.25)	-0.029*** (-15.90)	-0.030*** (-13.79)
租赁公房（哑元变量）	0.150** (2.06)	0.204** (2.41)	0.465*** (4.86)
租赁私房（哑元变量）	0.579*** (10.50)	0.648*** (10.27)	0.845*** (11.67)
原有私房（哑元变量）	-0.394*** (-5.76)	-0.365*** (-4.42)	-0.293*** (-2.97)
房改私房（哑元变量）	0.093** (2.11)	0.153*** (2.99)	0.276*** (4.60)
经济适用房（哑元变量）	-0.434*** (-4.52)	-0.317*** (-2.91)	-0.316** (-2.39)
近三年房价年均涨幅	0.016*** (3.28)	0.017*** (2.89)	0.019*** (2.88)

第五章 我国城镇居民家庭住房租买选择的微观决定机理研究

续表

解释变量	模型 I： 排序选择模型 （被解释变量 为 WTB）	模型 II： 二元 Logit 模型 （被解释变量 为 WTB5）	模型 III： 二元 Logit 模型 （被解释变量 为 WTB3）
是否参与住房 公积金制度	-0.082** (-2.20)	-0.080* (-1.85)	-0.133*** (-2.62)
统计量			
LR 统计值	1405	1196	989
LR 统计值 伴随概率	0.000	0.000	0.000
样本量（个）	32911	32911	32911

注：*** 指在 99% 的置信度下显著，** 指在 95% 的置信度下显著，* 指在 90% 的置信度下显著。模型 I 的四个临界点估计值分别是 27.6、28.0、28.5、29.8，均在 99% 的置信度下显著。WTB5 和 WTB3 均为 0-1 变量，如家庭 5 年内有购房计划，WTB5 = 1，反之，WTB5 = 0；如果家庭 3 年内有购房计划，WTB3 = 1，反之，WTB3 = 0。括号内为 z 统计量。

从模型 I 的估计结果来看，处在生命周期前段的家庭，未来住房购买意愿较强，即户主年龄越小、人口规模越小的家庭，未来购房意愿越强。而且，住房购买意愿与家庭人口规模之间呈现倒 U 形的关系，从模型的系数估计值推算，2 人户家庭的未来购房意愿最强，这一购买需求中包含由租转买的首次购房需求和住房改善需求。

城市新迁入家庭的未来购房意愿较强。变量"在本市居住时间"的系数估计值显示，家庭未来购房意愿随着在本市居住时间的增加而降低。这可能是因为，在本市居住时间较长的家庭中多数已经实现住房自有。

家庭收入水平和财富水平对住房购买意愿的影响显著为正，而且，家庭住房选择意愿与收入水平之间表现为倒 U 形关系，即随着收入水平的提高，家庭未来购房意愿先增强后减弱。从系数估计值来看,家庭收入达到23.3万元时(处于样本家庭收入七分组的最高收入组区间),未来购房意愿最强。

与本地非农户口家庭相比,本地农村户口和外地农村户口家庭的未来购房意愿明显要弱,外地非农户口家庭近3年或近5年的购房意愿与本地非农户口家庭无差异。这一结果表明,在同等的人口特征、经济水平和市场状况下,非农户口家庭的住房购买意愿明显强于农村户口家庭,反映出户口性质差异对未来购房意愿的影响主要体现在农村户口与非农户口之间。

随着住房房龄的增加,家庭未来购房意愿增强,反映了住在旧房中的家庭改善住房质量的意愿。而房价收入比越高,家庭住房购买意愿越弱,反映出住房支付能力对住房购买意愿的约束。模型Ⅱ和模型Ⅲ中变量"租金房价比"的估计系数表明,租买相对成本的提高,会增加家庭近期内购买住房的意愿。这与从成本费用角度对家庭住房租买选择决策的理论分析相一致。

从当前的住房来源来看,以购买商品房中的家庭为参照,租赁公房、租赁私房和当前住房为房改私房的家庭,未来住房购买意愿较强,而当前住房为原有私房和经济适用房的家庭,未来购房意愿相对较弱。比较不同住房来源哑元变量的系数估计值,可以发现,未来住房购买意愿最强的是当前租赁私房的家庭,这一结果与理论预期相一致。

变量"近三年房价年均涨幅"和"是否参与住房公积金制度"的系数估计值表明,房价上涨预期会增强家庭的住房购买意愿,导致住房需求被提前释放;参与住房公积金制度的家庭,未来住房购买意愿明显弱于未参加住房公积金制度的家庭,这可能是因为参与住房公积金制度的家庭很大比例已实现住房自有。

相较于自有住房家庭,当前租赁住房家庭的未来购房意愿明显较

第五章 我国城镇居民家庭住房租买选择的微观决定机理研究

强。因此,在此以当前租赁住房家庭为样本,采用二元 Logit 模型对此类家庭未来购房意愿选择进行分析。模型估计结果如表 5-7 所示。

表 5-7 当前租赁住房家庭未来购房意愿选择的估计结果

解释变量	模型 I: 二元 Logit 模型 (被解释变量 为 WTB5)	模型 II: 二元 Logit 模型 (被解释变量 为 WTB3)
常数项	-74.46*** (-3.46)	-87.45*** (-3.47)
户主年龄	-0.018*** (-2.98)	-0.015** (-2.18)
家庭人口	-0.024 (-0.51)	-0.037 (-0.71)
户主性别	0.081 (0.83)	0.038 (0.35)
在本市居住时间	-0.0015 (-0.35)	-0.0004 (-0.08)
家庭持久收入 (对数形式)	12.189*** (3.11)	14.356*** (3.14)
家庭持久收入 (对数形式)的平方	-0.508*** (-2.84)	-0.602*** (-2.90)
是否拥有私家车	0.045 (0.36)	0.126 (0.92)
本地农村户口(哑元变量)	-0.435 (-1.59)	-0.526* (-1.70)
外地非农户口(哑元变量)	-0.264** (-2.07)	-0.352** (-2.52)
外地农村户口(哑元变量)	-0.900*** (-5.94)	-0.990*** (-5.81)
住房房龄	-0.008** (-2.25)	-0.012*** (-2.86)

续表

解释变量	模型Ⅰ： 二元 Logit 模型 （被解释变量为 $WTB5$）	模型Ⅱ： 二元 Logit 模型 （被解释变量为 $WTB3$）
租金房价比	0.077 *** (4.31)	0.093 *** (4.65)
房价收入比	-0.023 *** (-5.66)	-0.028 *** (-5.56)
近三年房价年均涨幅	0.023 * (1.86)	0.024 * (1.73)
是否参与住房公积金制度	0.118 (1.08)	0.110 (0.91)
统计值		
LR 统计值	365	340
LR 统计值伴随概率	0.000	0.000
样本量（个）	4420	4420

注：***、**、* 分别指在 99%、95%、90% 的置信度下显著；括号内为 z 统计量。

对比表 5-7 与表 5-6 中的模型估计结果，可以发现，租赁住房家庭的未来购房意愿选择行为与自有住房家庭有诸多相似之处。第一，户主年龄越小，未来购房意愿越强，体现了年轻租房家庭较强的购房动机。模型统计结果显示，随着年龄的增长，家庭当前租赁住房但同时在别处拥有住房的比例增加。第二，租赁住房家庭未来购房意愿选择与家庭收入之间同样表现为倒 U 形的关系，从估计系数的大小来看，租赁住房家庭的购房意愿受收入水平影响程度更大。第三，户口性质同样是影响租赁住房家庭未来购房意愿选择的重要因素，本地非农户口家庭的未来购房意愿最强，之后依次是外地非农户口家庭、本地农村户口家庭和外地农村户口家庭。但与自有住房家庭相比，户口性质对租赁住房家庭购房意愿选择的影响更大。第四,租赁住房家庭未来购房意愿随着租买相对成本的提高而增强,随着住房支付能力的提高而提高,随着对未来房价上涨预期的提高而提高。但与自有住房家庭相比,租赁住房家庭的购房意愿选择受租买相对成本的影响更大,这意味着,租赁市场中租金的较快上涨将刺激住房购买需求。

租赁住房家庭与自有住房家庭在购房意愿选择上的不同之处表现为:第一,家庭人口规模、在本市居住时间和是否拥有私家车,对未来购房意愿选择的影响不显著,这是因为,租赁住房家庭的家庭规模普遍较小,在本市居住时间普遍较短,私家车拥有比例较低,这三个因素在租房家庭之间的差异不明显。第二,当前租赁住房家庭基于改善住房条件而进行住房购买的动机不强,更多是为实现住房自有而最小化当前的租房消费,表现为"住房房龄"变量对未来购买意愿的负向影响,即当前住房房龄越长,未来住房购买意愿越弱。第三,是否参与住房公积金制度对租赁住房家庭未来购房意愿选择的影响不显著。这一结果表明,住房公积金制度在帮助当前租赁住房家庭实现住房自有方面的作用有限。

第六章
新就业群体和外来务工人员住房选择的实证研究

新就业群体和外来务工人员是目前住房保障政策关注的两个特殊群体。2011年《国务院办公厅关于保障性安居工程建设和管理的指导意见》（国办发〔2011〕45号）中明确指出，"到'十二五'期末……力争使城镇中等偏下和低收入家庭住房困难问题得到基本解决，新就业职工住房困难问题得到有效缓解，外来务工人员居住条件得到明显改善"。但缺乏对这两个群体住房选择行为的研究，影响了住房保障政策的实施效果。本书在此利用翔实的微观数据，对新就业群体和外来务工人员进行界定，然后分别研究他们的住房现状选择与住房意愿选择行为，并将其与城镇居民家庭总体的住房选择行为的研究结果进行对比，在此基础上，总结这两个群体的住房需求特征。

一 新就业群体住房现状选择与意愿选择

本书将新就业群体定义为"年龄在30岁以下的就业者"，样本城市中新就业群体的住房自有率为45.4%。表6-1给出了新就业群体住房选择的实证研究结果，其中，模型Ⅰ为新就业群体在市场中购买或租赁住房的现状选择结果，模型Ⅱ为新就业群体未来3年内是否有

第六章 新就业群体和外来务工人员住房选择的实证研究

购房计划的意愿选择结果。

表6-1 城镇新就业群体住房选择的估计结果

解释变量	模型Ⅰ： 住房现状选择 （被解释变量为 OWN， 即住房自有还是租赁）	模型Ⅱ： 住房意愿选择 （被解释变量为 WTB3， 即3年内是否有购房计划）
常数项	-4.198** (-1.97)	-13.15*** (-6.27)
户主年龄	0.121*** (4.88)	0.059** (2.34)
家庭人口	0.472*** (7.69)	-0.140** (-2.45)
户主性别	0.373*** (3.36)	-0.116 (-1.10)
在本市居住时间	0.061*** (9.50)	-0.013** (-2.10)
家庭持久收入 （对数形式）	0.030 (0.16)	0.811*** (4.46)
家庭暂时收入 （对数形式）	-0.046 (-0.49)	
是否拥有私家车	0.930*** (6.02)	0.056 (0.41)
本地农村户口（哑元变量）	-0.537* (-1.83)	-0.701* (-1.72)
外地非农户口（哑元变量）	-1.062*** (-7.79)	-0.153 (-1.03)
外地农村户口（哑元变量）	-2.366*** (-12.28)	-0.842*** (-4.07)
住房房龄	-0.085*** (-11.97)	0.001 (0.26)
租金房价比	-0.029 (-1.32)	0.066*** (2.97)

续表

解释变量	模型Ⅰ： 住房现状选择 （被解释变量为 OWN， 即住房自有还是租赁）	模型Ⅱ： 住房意愿选择 （被解释变量为 WTB3， 即3年内是否有购房计划）
近三年房价年均涨幅	0.038 ** (2.38)	0.013 (0.79)
是否参与住房公积金制度	0.498 *** (3.86)	-0.094 (-0.78)
房价收入比		-0.023 *** (-4.97)
租赁公房（哑元变量）		0.298 (1.27)
租赁私房（哑元变量）		0.729 *** (5.02)
原有私房（哑元变量）		-0.360 (-1.08)
房改私房（哑元变量）		0.013 (0.07)
经济适用房（哑元变量）		-0.167 (-0.48)
统计量		
LR 统计值	1749	180
LR 统计值伴随概率	0.000	0.000
样本量（个）	2949	4486

注：*** 指在99%的置信度下显著，** 指在95%的置信度下显著，* 指在90%的置信度下显著；括号内为 z 统计量。

（一）住房现状选择

对比表6-1中模型Ⅰ的估计结果与表5-2中模型Ⅲ的估计结果，可以发现，多数解释变量对新就业群体住房租买选择的影响效应与对城镇居民家庭的影响效应一致，最大的不同体现在：变量"家庭持久收入"和"家庭暂时收入"对新就业群体住房租买选择的影响不显著,而变量"是否拥有私家车"在新就业群体住房租买选择模型中的系数估计值(0.930)明显大于在城镇居民家庭住房租买选择中的系数估计值(0.713)。这一结果表明,家庭财富是新就业群体实现住房自有的关键影响因素,能够获得代际帮助的年轻家庭实现住房自有的比例较高。而家庭自身收入对住房租买选择的影响不显著,反映了新就业群体总体住房支付能力较弱,且住房购买受首付款约束更大。

进一步比较表6-1中模型Ⅰ与表5-2中模型Ⅲ的其他变量系数估计值的相对大小,可以发现:家庭人口数的增加对新就业群体住房自有发生比的影响更大,反映了新就业群体从单身向结婚或生育阶段转折时会产生较强的住房自有需求。新就业群体的住房自有选择受房价上涨预期的影响相对较小,这可能受制于住房购买的首付款要求。此外,住房公积金制度覆盖的新就业群体,住房自有发生比更大,表明住房公积金制度对新就业群体实现住房自有发挥了支持作用。

(二)住房意愿选择

从表6-1中模型Ⅱ的估计结果来看,新就业群体未来购房意愿选择表现出以下特点。

家庭生命周期因素对新就业群体住房购买意愿选择的影响显著。随着户主年龄的增长,新就业群体的住房购买意愿增强。但随着家庭人口数的增加,新就业群体的未来购房意愿减弱;如果将模型中"家庭人口"变量替换成"1人户家庭""2人户家庭""3人及以上户家庭"三个哑元变量,研究发现,新就业群体中1人户和2人户家庭的未来购房意愿较强。

随着在本市居住时间的增加,新就业群体的未来购房意愿减弱。这是因为,居住时间较长的新就业群体多数在本地出生,这部分群体已经实现住房自有的比例较高。本书在模型Ⅱ的基础上，引入变量"在本市居住时间"的二次项，实证结果显示，新就业群体的未来购房意愿随着在本市居住时间的增加先增强后减弱，在本市居住时间达到11年之前，购房意愿随着在本市居住时间的增加而增强。"11年"恰好是在本地出生的新就业群体和外来新就业群体的分界线。

户口性质对新就业群体住房购买意愿的影响显著，非农户口家庭的未来购房意愿明显强于农村户口家庭，表明城市与农村户口性质的差异是影响新就业群体购房意愿选择的重要因素。

变量"住房房龄"的影响不显著，表明新就业群体出于改善住房质量目的而产生的购房需求较小。从住房来源的影响来看，新就业群体中当前住房产权状况为租赁私房的家庭未来住房购买意愿明显强于其他住房状况家庭，这说明新就业群体实现从租到买的住房产权转化意愿较强。

从经济因素来看，新就业群体的未来购房意愿随着收入水平的提高而增强，随着房价收入比的上升而减弱，体现了住房支付能力对新就业群体未来购房意愿的影响。租买相对成本对新就业群体未来购房意愿影响显著，而房价上涨预期的影响不显著，这在一定程度上反映出新就业群体的潜在购房需求主要是自住需求。此外，家庭财富和是否参加住房公积金制度对新就业群体住房购买意愿的影响不显著，这可能由于家庭财富水平较高的和参与住房公积金制度的新就业群体多数已经实现住房自有。

二　外来务工人员住房现状选择与意愿选择

目前对外来务工人员尚没有统一的定义，本书根据数据可得性，将它界定为"户主户口性质为外地农村户口的家庭"。样本城市中外来务工人员的住房自有率为20.1%。在这一定义下,对外来务工人员住房现状选择与意愿选择的模型估计结果如表6-2所示。

表6-2 城镇外来务工人员住房选择的估计结果

解释变量	模型Ⅰ: 住房现状选择 (被解释变量为 OWN, 即住房自有还是租赁)	模型Ⅱ: 住房意愿选择 (被解释变量为 $WTB3$, 即3年内是否有购房计划)
常数项	-23.403*** (-8.61)	-18.68*** (-6.00)
户主年龄	0.032*** (3.89)	-0.009 (-0.88)
家庭人口	0.080 (1.15)	-0.065 (-0.80)
户主性别	0.478*** (2.92)	0.063 (0.31)
在本市居住时间	0.063*** (6.90)	0.030*** (3.28)
家庭持久收入(对数形式)	1.398*** (6.02)	1.284*** (4.74)
家庭暂时收入(对数形式)	0.299** (2.44)	
是否拥有私家车	0.765*** (4.11)	-0.211 (-0.90)
住房房龄	-0.067*** (-8.06)	-0.020*** (-2.66)
租金房价比	0.184*** (6.57)	0.123*** (3.92)
近三年房价年均涨幅	0.127*** (6.92)	0.027 (1.14)
是否参与住房公积金制度	0.193 (0.73)	0.365 (1.21)

续表

解释变量	模型Ⅰ：住房现状选择（被解释变量为 OWN，即住房自有还是租赁）	模型Ⅱ：住房意愿选择（被解释变量为 $WTB3$，即3年内是否有购房计划）
房价收入比		-0.022*** (-2.70)
租赁公房（哑元变量）		0.617 (1.54)
租赁私房（哑元变量）		0.316 (1.41)
原有私房（哑元变量）		-0.337 (-0.54)
房改私房（哑元变量）		-0.147 (-0.33)
经济适用房（哑元变量）		-29.896 (0.00)
统计量		
LR 统计值	536	88
LR 统计值伴随概率	0.000	0.000
样本量（个）	2088	2809

注：*** 指在99%的置信度下显著，** 指在95%的置信度下显著，* 指在90%的置信度下显著；括号内为 z 统计量。

（一）住房现状选择

对比表 6-2 中模型Ⅰ的估计结果与表 5-2 中模型Ⅲ的估计结果可以发现，外来务工人员与城镇居民家庭住房租买现状选择的影响因素有一点明显的不同——是否参与住房公积金制度对他们住房自有选择的影响不显著。这是因为，住房公积金制度对外来务工人员的覆盖率很低，样本城市中仅有 3.6% 的外来务工人员参与住房公积金制度。作为城镇住房制度的重要组成部分，住房公积金制度对外来务工人员的帮助有限。

进一步比较表6-2中模型Ⅰ与表5-2中模型Ⅲ解释变量系数估计值的大小，可以发现以下内容。

相比于家庭生命周期因素，居住稳定性对外来务工人员住房自有选择的影响更大。在本市居住时间每增加1年，外来务工人员住房自有发生比提高6.6%，而城镇居民住房自有发生比仅提高3.2%。

外来务工人员住房自有选择受家庭收入水平的影响更大，家庭持久收入每增长10%，外来务工人员住房自有发生比增加30%，而城镇居民住房自有发生比仅增加6%。这也表明，外来务工人员获得经营性收入以外的其他收入和各种福利的机会很小，实现住房自有对家庭收入水平的依赖度更大。

此外，外来务工人员在进行租买选择时，对租买相对成本给予更多考虑，体现了他们在住房选择过程中的理性决策行为。

（二）住房意愿选择

外来务工人员未来购房意愿选择的影响因素明显不同于其他群体，表现为以下几个方面。

第一，家庭生命周期、家庭特征和当前住房产权状况对外来务工人员住房购买意愿选择的影响均不显著。模型Ⅱ中变量"户主年龄""家庭人口"和"户主性别"的系数估计值均不显著；与其他群体较强的由租向买转换动机不同，居住在不同产权类型住房中的外来务工人员的未来购房意愿选择无明显差异。

第二，外来务工人员住房购买意愿选择主要受经济因素和居住稳定性的影响。一方面，家庭收入水平是影响他们购房意愿的最关键因素，该变量的系数估计值明显高于城镇居民和新就业群体；同时，租买相对成本是外来务工人员进行购房意愿选择的权衡因素，而房价收入比则对其购房意愿形成约束。另一方面，随着在本市居住时间的增加，外来务工人员的住房购买意愿增强，这一结果与其他群体不同，表明外来务工人员的购房意愿随着在城市居住稳定性的提高而增强。从统计结果来看，样本中外来务工人员在本市居住时间的中位数为5年。

第三，外来务工人员未来购房意愿随着住房房龄的增加而减弱，即变量"住房房龄"的系数估计值显著为负，这在一定程度上反映出，部分外来务工人员原本就打算在城市暂居，通过最小化住房消费支出已更多地积累储蓄，这部分外来务工人员没有打算在打工地购房。

第四，房价上涨预期以及家庭财富水平对外来务工人员未来购房意愿的影响不显著，前者体现了外来务工人员的潜在购房需求以自住需求为主，后者则主要是因为，外来务工人员的家庭财富水平普遍不高，而且在住房购买过程中获得代际帮助的力度很小。

第七章
住房自有率城市间差异的主要影响因素

在上述微观分析的基础上，本章利用城市集合数据，从宏观层面检验住房自有率城市间差异的主要影响因素，以进行宏观数据研究结果与微观数据研究结果的相互补充和验证。

一 住房自有率的区域间差异

我国地域辽阔，地区发展不均衡程度较大，而且由于各地经济结构和住房政策体系不同，地区间住房市场状况有较大差异，因此，住房自有率在不同地区之间的差异动较大。

从分省份数据来看，除西藏[①]外，2010年我国各地区（省和直辖市）城镇居民家庭住房自有率为50%~90%[②]，在东中西三大区域之间表现出一定的规律性。总体而言，东部地区城镇居民家庭住房自有率较低，多数省份住房自有率在70%以下，包括广东（54.5%）、北京（57.4%）、上海（58.1%）、浙江（58.2%）、福建（60.0%）、天津（64.7%）；中部地区城镇居民家庭住房自有率最高，绝大多数省份住房自有率在80%以上，包括河南（86.8%）、黑龙江（86.1%）、吉

[①] 西藏的管理体制不同于其他省份，住房状况也与其他省份明显不同，因此，在研究中未将它包含在内。
[②] 根据最新的全国1%人口抽样调查资料，2015年各地区（省和直辖市）城镇居民家庭住房自有率为59.9%~92.0%。

林（85.7%）、湖南（83.0%）、江西（81.7%）、安徽（81.6%）、湖北（80.6%）；西部地区各省份城镇居民家庭住房自有率为70%~80%，包括甘肃（79.1%）、宁夏（78.0%）、重庆（77.2%）、广西（76.1%）、新疆（75.7%）、四川（75.1%）、内蒙古（73.6%）、云南（72.6%）、陕西（72.6%）、青海（72.5%）、贵州（70.5%）。

从具体的住房来源看，部分省份较高的住房自有率主要源于自建住房的贡献，如河南、广西、河北、湖南、山东、云南、安徽、海南8个省份自建住房在城镇居民家庭住房来源中占比超过40%。"房改"之前原福利分房政策对部分省份的影响较大，如辽宁、甘肃、山西、北京4个省份城镇居民家庭住房来源中购买原公有住房的占比超过20%，湖北、新疆、黑龙江、青海、吉林、陕西、上海7个省份购买原公有住房的占比均在15%。

从城市层面来看，住房自有率在城市间的差异明显大于在不同省份之间的差异，2010年我国35个大中城市城镇居民家庭住房自有率为17%~83%。各城市住房自有率的区域间差异趋势与分省份数据表现一致，但区域差异程度不像分省份数据表现得那么明显。总体来看，东部部分经济发展水平较高的城市住房自有率较低，在55%以下，如深圳（17.4%）、厦门（30.6%）、广州（47.0%）、杭州（49.3%）、北京（52.7%）、上海（53.9%）、宁波（54.7%）；而住房自有率较高的城市在东中西地区均有分布。

二 35个大中城市城镇居民家庭住房自有率及其变化

图7-1给出了2000~2010年我国35个大中城市住房自有率的变化。可以看出，在此期间，35个大中城市中有24个城市经历了住房

第七章 住房自有率城市间差异的主要影响因素

自有率的下降,包括深圳、厦门、杭州、宁波、广州、郑州、南宁、青岛、成都、合肥、西安、福州在内的 12 个城市住房自有率下降幅度超过 10 个百分点。沈阳、天津、大连、长春、南昌、哈尔滨、南京、昆明、重庆、呼和浩特、银川 11 个城市住房自有率上升,以东北和西部城市为主。

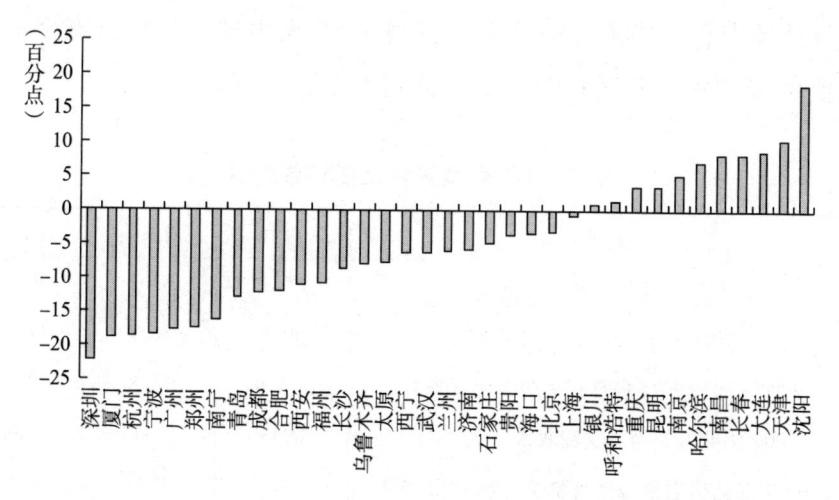

图 7-1 2000~2010 年我国 35 大中城市住房自有率的变化

资料来源:2000 年第五次全国人口普查和 2010 年第六次全国人口普查资料。

三 住房自有率城市间差异影响因素的实证研究

2000~2010 年城市住房自有率的较大变化为我们检验城市社会经济因素对住房自有率的影响提供了很好的基础。结合已有文献研究与数据可得性,本书主要从以下三个方面考察住房自有率城市间差异的影响因素。一是反映城市住房支付能力的变量,包括城市住房价格和人均可支配收入。二是反映城市人口特征的变量,包括城市人口规模和人口年龄结构。三是反映我国特殊制度性因素的变量,包括城乡二元管理制度、户籍制度、房改政策;其中,城乡二元管理制度因素用家庭住房来源中自建住房比例来衡量，户籍制度因素用城市非本地户口家庭比例来衡量，"房改"政策因素用家庭住房来源中购买原公有住房比例来衡量。

为减少模型估计的内生性问题，实证研究中采用期初变量来解释期末住房自有率。变量说明及描述性统计如表7-1所示。从描述性统计结果来看，2000~2010年，我国35个大中城市住房自有率的平均值由65.3%下降至60.5%，下降近5个百分点。

表7-1 模型变量及描述性统计

变量	均值	最大值	最小值
2000年住房自有率（%）	65.3	83.2	39.5
2010年住房自有率（%）	60.5	80.7	17.3
2000~2010年住房自有率的变化（%）	-4.9	18.8	-22.2
2000年城市人均可支配收入（元/年）	7943	21577	5298
2000年商品住宅平均销售价格（元/平方米）	2075	5275	1077
2000年城市人口规模（万人）	656	2849	57
2000年户主年龄在40岁以下家庭占比（%）	43.7	76.2	31.3
2000年城市非本地户口家庭比例（%）	15.4	62.9	4.8
2000年家庭住房来源中自建住房占比（%）	17.6	36.3	2.8
2000年家庭住房来源中购买原公有住房占比（%）	33.6	59.8	10.6

在进行实证模型估计之前，首先对各变量的相关性进行检验，结果如表7-2所示。简单的相关性分析表明，期初收入水平和房价水平越高的城市，当前住房自有率越低；城市人口规模与住房自有率的相关性不明显；人口年龄结构与住房自有率之间表现出很强的负相关关系，40岁以下年轻家庭占比越高的城市，住房自有率越低，体现了家庭生命周期因素对住房自有率的影响；户籍制度影响住房自有率，

第七章 住房自有率城市间差异的主要影响因素

表7-2 变量相关性检验

	2000年住房自有率	2010年住房自有率	住房自有率的变化	城市人均可支配收入	商品住宅平均销售价格	城市人口规模	户主年龄在40岁以下家庭占比	城市非本地户口家庭比例	家庭住房来源中自建住房占比	家庭住房来源中购买原公有住房占比
2000年住房自有率	1	0.63	-0.11	-0.56	-0.60	-0.06	-0.42	-0.67	0.54	0.53
2010年住房自有率		1	0.69	-0.78	-0.59	0.09	-0.72	-0.85	0.10	0.56
住房自有率的变化			1	-0.48	-0.21	0.18	-0.54	-0.47	-0.37	0.22
城市人均可支配收入				1	0.84	0.20	0.58	0.76	-0.01	-0.58
商品住宅平均销售价格					1	0.21	0.31	0.57	-0.17	-0.40
城市人口规模						1	-0.29	-0.18	0.32	-0.35
户主年龄在40岁以下家庭占比							1	0.90	-0.16	-0.35
城市非本地户口家庭比例								1	-0.25	-0.50
家庭住房来源中自建住房占比									1	-0.36
家庭住房来源中购买原公有住房占比										1

注：除住房自有率以外，表中各变量均适用2000年数据。

101

非本地户口家庭占比越高的城市，住房自有率越低，该变量与住房自有率之间的相关性系数最大，表明城市外来迁移人口规模是影响住房自有率的关键因素；家庭住房来源中自建住房比例与住房自有率之间的相关性不明显；购买原公有住房的比例与住房自有率之间呈现显著的正相关关系，这再次体现了"房改"之前福利分房政策对住房市场的影响。

为定量检验不同因素的影响程度，本书进一步通过构建计量经济模型估计住房自有率城市间差异的影响因素。此处分别构建城市住房自有率影响因素模型和住房自有率变化影响因素模型，以验证模型估计结果的稳健性。同时，为尽量减少内生性问题，在进行住房自有率影响因素模型的估计时，研究采用各变量期初值来解释当前住房自有率及其变化。模型估计结果分别如表7-3和表7-4所示。

表7-3 城市住房自有率影响因素的模型估计结果

被解释变量：2010年住房自有率

解释变量	模型Ⅰ	模型Ⅱ	模型Ⅲ	模型Ⅳ
常数项	3.630 (8.31)***	3.303 (10.16)***	2.190 (4.44)***	2.678 (6.01)***
城市人均可支配收入 （对数形式）	-0.387 (-4.39)***	-0.303 (-4.02)***	-0.233 (-3.31)***	-0.274 (-3.48)***
商品住宅平均销售价格 （对数形式）	0.057 (0.83)	0.007 (0.15)	0.046 (0.99)	0.019 (0.34)
城市人口规模 （对数形式）		0.028 (1.41)	0.024 (1.27)	0.038 (1.83)*
户主年龄在40岁 以下家庭占比		-0.500 (-2.82)***	0.262 (0.76)	-0.360 (-2.13)**
城市非本地户口 家庭比例			-0.777 (-2.72)***	
家庭住房来源中 自建住房占比				0.190 (1.18)

续表

解释变量	模型Ⅰ	模型Ⅱ	模型Ⅲ	模型Ⅳ
家庭住房来源中购买原公有住房占比				0.357 (2.45)**
统计值				
调整后的 R^2	0.579	0.730	0.779	0.756
样本量（个）	35	35	35	35

注：采用 White heteroskedasticity-consistent standard errors and covariance 估计，括号中为 t 统计值，***、** 和 * 分别代表在 99%、95% 和 90% 的置信度下显著。

表7-4 城市住房自有率变化影响因素的模型估计结果

（被解释变量：2000~2010 年住房自有率的变化）

解释变量	模型Ⅰ	模型Ⅱ	模型Ⅲ	模型Ⅳ
常数项	0.075 (0.81)	0.127 (0.98)	0.175 (1.34)	0.049 (0.41)
2000年住房自有率	-0.423 (-2.94)***	-0.547 (-3.56)***	-0.379 (-2.53)**	-0.241 (-1.12)
城市人均可支配收入的变化（对数形式）	0.340 (4.14)***	0.308 (2.86)**	0.349 (3.77)***	0.276 (2.81)***
商品住宅平均销售价格的变化（对数形式）	-0.170 (-4.36)***	-0.115 (-3.18)***	-0.121 (-2.35)**	-0.087 (-2.48)**
城市人口规模的变化（对数形式）		-0.067 (-1.39)	-0.023 (-0.36)	-0.069 (-1.24)
户主年龄在40岁以下家庭占比的变化		-0.754 (-2.55)**		-0.458 (-1.24)
城市非本地户口家庭比例的变化			-0.579 (-2.21)**	
家庭住房来源中自建住房占比的变化				0.717 (1.97)*
家庭住房来源中购买原公有住房占比的变化				0.384 (1.65)

续表

解释变量	模型 I	模型 II	模型 III	模型 IV
统计值				
调整后的 R^2	0.464	0.564	0.527	0.598
样本量（个）	35	35	35	35

注：采用 White heteroskedasticity-consistent standard errors and covariance 估计，括号中为 t 统计值，***、**和*分别代表在99%、95%和90%的置信度下显著。

表7-3的估计结果表明以下几点。第一，城市住房自有率与城市收入水平之间表现为负相关关系，收入水平越高的城市，住房自有率越低。第二，人口年龄结构是影响住房自有率城市间差异的重要因素，户主年龄在40岁以下家庭占比越高的城市，住房自有率越低。第三，从各个制度因素变量的影响结果来看，户籍制度对住房自有率的影响最显著。模型III的估计结果显示，加入户籍制度的度量变量"城市非本地户口家庭比例"后，模型的拟合优度达到最高77.9%。非本地户口家庭占比越高的城市，住房自有率越低。此外，从模型III的估计结果可以看出，非本地户口家庭占比与40岁以下年轻家庭占比之间表现出高度相关性，加入"城市非本地户口家庭比例"变量后，"户主年龄在40岁以下家庭占比"这一变量对住房自有率的影响变为不显著。这是因为，城市外来迁移人口主要以年轻人为主。第四，与相关性分析结果相一致，家庭住房来源中自建住房比例这一变量对住房自有率的影响不显著，而购买原公有住房比例这一变量对住房自有率的影响显著为正，体现了原福利分房制度对住房市场的影响。

表7-4中四个模型的估计结果显示，多数解释变量的估计系数在统计上显著。从模型估计结果可看出以下几点。第一，住房支付能力是影响住房自有率变化的关键因素。收入水平的提高有助于家庭实现住房自有，而房价的较快上涨不利于住房自有率的提高。这一结果

与微观数据研究结果相一致。第二，人口年龄结构和非本地户口家庭比例对住房自有率的影响与表7-3中的研究结果吻合，即户主年龄在40岁以下的年轻家庭和城市外来迁移人口家庭住房自有率较低。模型估计系数显示，户主年龄在40岁以下家庭比例的提高和非本地户口家庭比例的提高对住房自有率变化的影响均显著为负。第三，由于城市外扩而产生的"带房进城"家庭的增加对住房自有率的提高具有显著的正向贡献。模型Ⅳ的估计结果显示，家庭住房来源中自建住房比例的提高对住房自有率上升的影响显著为正。第四，住房制度改革过程中以低成本价购买房改私房比例较高的城市，住房自有率较高。这一结果再次验证了原福利分房政策带来的禀赋收入效应的影响。

第八章
住房租赁市场发展的国际经验与启示[*]

2016年6月，国务院办公厅出台《关于加快培育和发展住房租赁市场的若干意见》（国办发〔2016〕39号），这是指导住房租赁市场发展的纲领性文件。之后，我国住房租赁市场的发展被提到空前高位，绝大多数省（自治区、直辖市）人民政府或主管部门出台了专门的加快培育和发展住房租赁市场的实施意见，多个城市出台了发展住房租赁市场工作实施方案，内容集中在大力发展租赁企业、增加租赁住房供应、加强租赁市场监管、建立统一的租赁信息平台等方面。2018年10月，国务院办公厅印发的《完善促进消费体制机制实施方案（2018～2020年）》，将大力发展住房租赁市场列入重点任务之中。综合来看，目前鼓励住房租赁市场发展的政策在实际落地过程中尚存在较多问题。本章以住房租赁自由市场模式和社会市场模式的两个典型代表国家——美国和德国为例，总结它们在住房租赁发展的三个重要方面——租赁房源供给结构、租赁市场监管以及住房租赁信息平台建设的可借鉴经验与启示。

一 租赁房源供给结构

（一）美国租赁房源的持有者以非本地居民为主，机构持有的房源约占三成

1965～2017年美国的住房自有率在63%和69%之间变动，平均为

---

[*] 本部分内容曾发表于《宏观经济研究》。

65%（见图 8-1）。次贷危机前的 1994~2004 年，住房自有率由 64% 上升至 69% 的历史最高水平，之后逐步回落至 64% 左右。总体而言，美国租赁住房在家庭住房来源中的占比相对稳定，在 35% 左右。

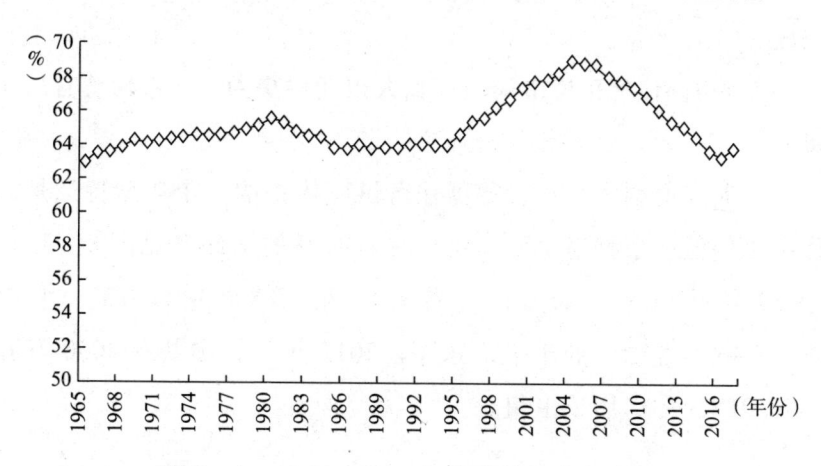

图 8-1　1965~2017 年美国的住房自有率

资料来源：US Census Bureau。

从租赁住房的供给主体来看，根据《美国住房报告 1997》可知，机构持有的租赁房源占比为 31.1%，个体持有的租赁房源占比为 58.2%，另有 10.8% 的租赁房源未报告持有主体（见图 8-2）。其中，

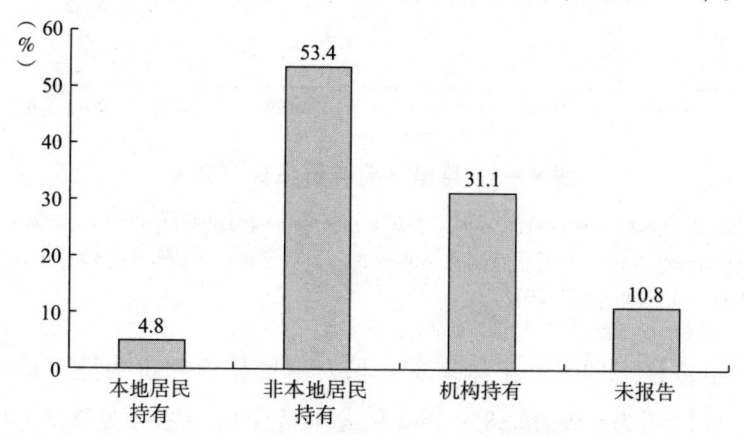

图 8-2　美国租赁住房的供给主体结构

资料来源：Housing Report 1997。

在个体持有的租赁房源中，本地居民（resident）和非本地居民（non-resident）持有的比例分别为4.8%和53.4%。可见，美国住房租赁市场中以个体持有特别是非本地居民持有房源为主，机构持有的房源约占三成。

（二）德国住房租赁市场中以私人租赁住房为主，机构持有房源约占38%

与欧洲其他国家相比，德国住房供应体系的一个典型特征是，自有住房比例低。根据对主要年份住房自有率的统计（见图8-3），19世纪50年代以来，德国住房自有率为35.8%～43.0%，平均为38%，在欧洲各国中处于最低水平。2011年，德国共有4050万套住房，57.0%的住房用于出租。

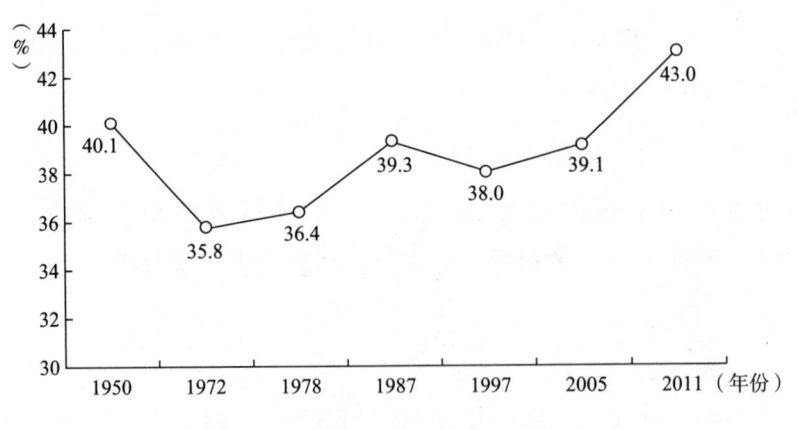

图8-3　德国主要年份住房自有率

资料来源：Hubert, Franz, "German's Housing Policy at the Crossroads," Discussion paper, 1993；转引自Kofner, Stefan, "Housing Market and Housing Policy in Germany," 2011。

从租赁住房的供给主体来看，私人租赁住房和机构持有的租赁住房占比分别约为62%和38%，以私人租赁住房为主（见图8-4）。其中，在机构持有的租赁住房中，私营公司、政府和合作社持有的房源占比分别为11.4%、16.1%、10.8%，后两者为非营利机构持有的租赁房源，占比合计约为27%。可见，在机构持有的租赁住房中，非营利机构持有的房源（也称社会住房）比例高于商业性机构。德国实行的是单一化租赁市场，租房租赁市场供应主体多元化。在德国，社会租赁住房的所有者可以是政府、社会机构或个人等，一定期限的租金管制、准入限制、接受政府补贴结束后，这些租赁住房便可转换为私人租赁住房，即租赁住房由公共租赁部门转到了私人租赁部门。

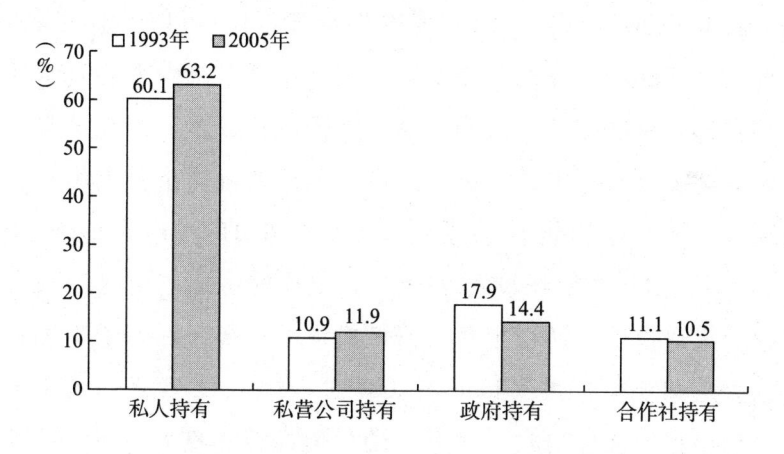

图 8-4　德国租赁住房的持有主体结构

资料来源：Kofner, Stefan, "Housing market and housing policy in Germany," 2011。

（三）鼓励和支持机构化租赁对于住房租赁市场的发展至关重要

链家研究院在于2017年3月发布的《租赁市场系列研究报告》中指出，我国住房租赁市场机构化渗透率全国平均值在2%左右，北京作为一线城市中住房租赁市场机构化渗透率最高的城市，也不到5%。从国际经验来看，机构出租人的兴起与发展，对于整体住房租赁市场的发展有着重要作用。第一，规模化的机构出租人直接在租赁市场与传统的个体出租人和住房租赁中介展开竞争，住房租赁市场竞争水平提高的最终结果是有利于广大的承租人群体（徐跃进和刘洪玉，2015）。第二，在上述市场竞争的过程中，典型机构出租人的规范经营也能够对所有行业供应主体发挥示范效应，推动整体市场的规范化。第三，成熟的机构出租人不仅可以是住房公司，还可以是房地产企业、金融机构、非营利性组织等，这些机构的稳定发展，更加便于政府监管部门开展日常监督、引导和管理工作。

从美国的经验来看，机构化住房租赁组织的蓬勃发展主要得益于规模经济回报，以及房地产金融工具提供的低成本且稳定的资金支持（Hackworth，2003）。一方面，规模化经营不仅可以使同一地区的出租公寓共享基础的日常保养和维修服务，还可以集中采购日常所需的消耗品和各类维修配件。这均有助于降低运营成本，提高日常管理和维护服务的质量与稳定性，也可以进一步帮助机构出租人树立良好的品牌形象，提高盈利能力。另一方面，以 REITs（Real Estate Investment Trusts，房地产信托投资基金）为主导的房地产金融工具，通过拓宽融资渠道提供长期稳定且相对低成本的资金，加速了美国机构出租人的兴起和规模扩张（Jones，2007）；当然，二者之间是相辅相成的，机构出租人在住房租赁业务上的稳健经营和良好表现，也为REITs的投资者提供了可观的收益。根据全美多户住房委员会（National Multifamily Housing Council，NMHC）的统计，2018年美国管理公寓数量排名前10的公司管理的出租公寓数量均在7万套以上，最高的超过40万套（见表8-1）。

相比之下，德国的经验表明，公私合作对促进机构化租赁的发展也能发挥重要作用。一方面，公私合作不仅能够在短期内快速增加租赁住房的供给，而且有助于提高入住率，降低空置风险，进而保障机构化租赁运营方的投资收益。另一方面，从长期的市场影响效果来看，公私合作逐渐培育、吸引并最终增加高质量私人租赁住房的供给，在整体市场中出租房源质量提升的基础上，机构出租人也有机会获取更多投资收益。

表 8-1 2018 年美国管理公寓数量排名前 10 的公司

排名	公司名称	公寓数量（套）
1	Greystar Real Estate Partners	418475
2	Lincoln Property Company	190542
3	Pinnacle	162000
4	Alliance Residential	110712
5	FPI Management, Inc.	107996
6	Winn Companies	100020
7	MAA	99792
8	Apartment Management Consultants, LLC	91958
9	BH Management, LLC	79990
10	Equity Residential	78302

资料来源："2018 NMHC（National Multifamily Housing Council）50：The Nation's 50 Largest Apartment Managers，" https://www.nmhc.org/research-insight/the-nmhc-50/top-50-lists/2018-manager-list/。

二 住房租赁市场监管

因为住房租赁所牵涉的交易主体的特殊性，承租人的地位相对弱势。结合美国和德国住房租赁市场的监管经验，主要关注点集于如何规范出租人和中介机构行为两大方面。在出租人方面，主要的问题集中于房源供给环节积极性不高，住房租赁交易环节的逃避正规租约登记、隐瞒房屋事情、随意上涨房租、非法扣留押金，以及擅自终止合同等问题。而在中介机构方面，主要是从业人员服务质量参差不齐，专业性有待提高，以及可能损害出租人或承租人利益的从业人员不规范行为。

（一）美国鼓励住房出租，引导约束各方行为

1. 通过明确的法律政策鼓励私房出租，并规范约束出租人行为

在提高私人出租住房的积极性并保证房屋供给质量方面，美国的市场监管政策同时兼顾了鼓励和约束。一方面，为了提高私人出租住房的积极性，美国财政部出台鼓励私房出租的税收政策，出租房屋可以加速折旧速度，减少税收费用；为了应对住房租赁合同逃避正规登记流程的潜在问题，相关政策鼓励住房租赁登记后，出租人可以获得税收减免，对应的房租收入可以不缴纳贷款利息、折减房地产税纳税额。此举可以极大地提高私人出租房屋并通过政府部门进行正规登记的积极性，不仅有助于扩大住房租赁市场的有效供给，而且为政府部门及时掌握住房租赁市场的真实情况并采取应对措施提供了重要基础。

另一方面，《房屋租赁法》同时要求，出租人应当担保房屋在整个租赁期间适合居住，如有侵权责任，即如果租赁房屋存在瑕疵致使承租人遭受损害，出租人需要承担相关责任；部分地区州政府的政策更是进一步要求在合同期内出租人不能随意调高租金，加租频率一般不能高于一年一次，且不能超过一定幅度（孙丹，2011）；限定押金最高数额、规定押金抵债程序、明确租赁关系终止后的押金返还时间、允许承租人在出租人非法扣留押金后主张索赔等；未经出租人允许，在租赁时间内，无论是谁都不能对承租人使用、享用房屋的占有权进行干预，如果出租人干涉承租人的使用权，承租人可以终止租约并诉请损害赔偿（郑宇劼和张欢欢，2012）。上述措施的推行，不仅可以保证私人出租住房的基本居住质量，而且通过对住房租约的规范和双方行为的约束，提高了对租房群体的吸引力，从而保障了整体住房租赁市场的稳定性。

2. 规范中介机构行为，提高市场准入门槛和从业人员管理水平

美国房地产经纪人管理采取执照制，法律规定，除一些银行、律

师等可以替他人买卖房屋的机构和个人外,其他人代为买卖房屋必须持有房地产经纪人牌照,否则不能从事房地产经纪业务(刘增锋,2011)。同时,采取了"双边经纪人"模式,美国房屋经纪人分为买方经纪人和卖方经纪人;且买方经纪人的佣金由卖方经纪人支付,与卖方和买方均无直接联系。

美国房地产协会(NAR)建立了 MLS(multiple listing service,多重信息共享)系统,该系统以会员联盟的形式,将不同的房地产经纪公司纳入体系联盟,体系中成员的房源和客源信息集中在一个数据库中共享,通过系统的配对查询功能,双方可以通过互联网在共享的房源数据库或客户需求数据库中查找房源或客户,既保证了房屋信息可靠性,也提高了资源利用率,促进了交易实现(钱聪,2007)。

(二)德国建立系统的法律框架,保障了住房租赁市场的良好运转

德国的《住房建设法》《租金水平法》《住房租赁法》和《私人住房补助金法》分别为社会住房供给、中低收入的房租补贴、租赁市场的规范和私有住房的补助提供了法律框架(陈洪波和蔡喜洋,2015),为住房租赁的市场参与者提供了基础性制度保障,稳定了租赁双方的心理预期,对住房租赁市场的规范和发展起到重要作用。

在德国住房租赁市场的稳定发展中,最具代表性的是租金管制。不过这一政策有其阶段性特征,实际的综合影响效果也与当地住房租赁市场的基本供求水平高度相关,并不一定具有普遍的适用性。具体而言,德国的租金管制制度建立于二战后的住房短缺时期,针对当时房租的大幅上涨,政府采取了租户权益保障措施,要求各地政府按照不同区位、不同房屋结构和质量提出相应的租金指导价,作为租赁双方确定住房租金的参考标准。随着住房供求矛盾的缓解,联邦政府于

1960年提出在缺房率低于3%的城市和乡镇取消租金管制制度。21世纪以来，为了应对房租的再度较快上涨，2001年的《住房租赁改革法案》规定：3年内房租累计涨幅不得超过20%；但如果签约租金已经高于指导租金标准，则不允许涨价。自2013年5月1日起，德国新《出租权利修改法案》生效，要求3年内房租涨幅不超过15%，超过20%违法，出租人单方面涨幅超过50%被认为是赚取暴利，可判入狱3年（孙杰等，2017）。

除了租金管制之外，德国还有一系列保护承租人和出租人合法权益的措施（李讯，2011），德国政府实施有效的租赁市场管理，禁止二出租人、欺诈中介等现象，防止住房租赁非法投机；同时《住房租赁改革法案》（2001年）也新增规定：一是保障出租人的知情权，比如未经出租人允许，不得随意改装房屋；二是维护出租人的平等待遇权，可以向不同人群收取不一样的房租；三是对婚姻和家庭的保护力度有所下降，比如配偶已经过世，另一半不再享有房屋的续租权（Bischoff and Maennig, 2011）。德国的租房合同分为无限期和有限期两种。无限期合同保证了承租人的长期租赁权。租房合同中的任意一方若想终止合同，必须提前3个月通知对方；合同期越长，提前通知对方的时间就越长，若租期达到10年及以上，终止合同需要提前一年通知。从保护出租人权益角度，德国《住房租赁法》规定，在签署租房合同前，租房人需向出租人出示其信用等级证明、详细工作情况以及财务状况证明。从保护承租人权益角度，法律规定，不允许出租人直接将无钱支付房租的承租人赶出去，须先将他上诉法庭，并提供承租人确实没有足够收入的明确证据。

关于租房中介，德国《住房中介法》规定，如果中介任意提高佣金，一经发现，将被处以高达2.5万欧元的罚金。德国近年来发布的相关条例规定，租房中介费改由出租人承担，承租人只有在专门授权给中介找房的情况下才需要负担中介费用（Voigtländer，2009）。

三 住房租赁信息平台建设

在给定的住房租赁市场供需数量的前提下，承租人和出租人之间的搜寻匹配效率决定着整个市场最终形成有效交易的效率。中介机构的存在正是因为承租人和出租人双方之间的信息不对称，高质量的中介服务可以降低信息不对称程度、提高搜寻匹配效率。不过现实问题也表明，我国现行的中介机构服务模式和信息平台存在若干弊端。在已有的相关研究和讨论中，部分学者推崇美国房地产经纪服务行业的MLS系统；不过，这类信息共享系统与其本土的经纪人服务模式、合同制度以及佣金安排是一体的，并不能孤立看待。

（一）美国住房租赁交易的多重信息共享系统及其配套机制设计

美国的MLS系统诞生于20世纪30年代，以会员联盟的形式，将不同的住房中介机构公司纳入一个加盟体系中，体系中成员的房源和求购信息共存于一个数据库中，加盟MLS系统的每一位成员与客户签订委托销售或委托购买合同后，将此信息输入系统，由全体参加系统的会员共同帮助寻找买者或卖者，实现交易后按比例分享佣金。

MLS系统的成立无官方背景，由房产经纪人和房产经纪机构自发办成。这一信息共享机制的主要优势在于：数据真实可靠，节约资源，避免了中介机构之间的恶性竞争，改善了中间服务质量，提高了整体中介服务行业的搜寻匹配效率。这一信息共享系统的主要组成部分以及公众和经纪人所日常使用的功能如图8-5所示。

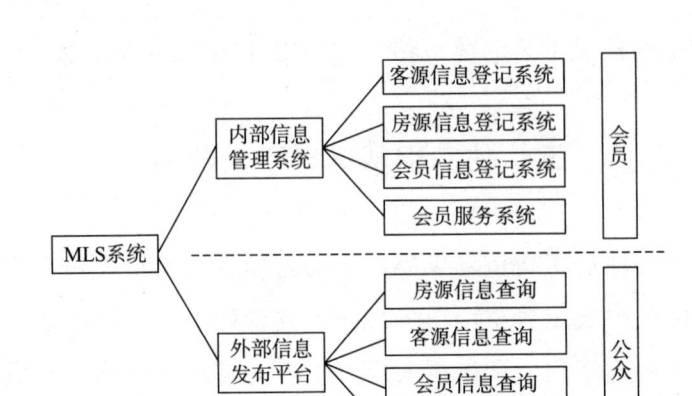

图 8-5　美国 MLS 系统的主要组成部分

（二）住房租赁经纪服务模式的差异决定了信息平台建设的模式

表 8-2 对比了国内现行传统线下中介机构的经纪服务模式，与美国典型模式的差异性。我国属于单边经纪模式，个人出租人可以将同一套房源委托给多家中介机构出租，不同中介机构（及其经纪人）之间是纯粹的竞争关系，彼此之间不会共享房源信息。而美国则是双边经纪人模式，结合独家代理的规则、佣金分成设定和统一的信息共享机制，激发承租人与出租人双边经纪人的共同努力，提高了中介服务的整体质量和效率（黄居林，2010）。这种双边经纪人的制度安排、住房租赁经纪服务的独家代理模式以及经纪人的佣金提成安排等系列政策，是美国住房租赁信息共享平台建立的依托。其一，如果没有双边经纪人的制度和独家代理模式，很有可能出现恶性竞争和"跳单"现象，反而损害了中介机构的基本利益。其二，如果没有佣金制度的安排，经纪人可以独立开展业务，或依托于较小规模的中介机构就可以灵活从事相关业务，也会出现较大规模中介机构之间的恶性竞争和故意排他行为。

客观来看，我国目前的中介机构之间的竞争格局已然形成，并且有若干家较大规模的中介服务机构，已经各自积累了数量可观的独家

表8-2 中美住房租赁市场中介机构服务模式对比

项目	中国	美国
特点	以用户多栖为主,同质化程度高	以独家代理为主,具有排他性
含义	同一套房源可以委托不同的住房中介机构,佣金支付给最终达成交易的中介机构	卖方只委托一个中介机构,签订独家代理合同,只要买卖成交,不管买主是谁介绍的,都要付佣金给该独家代理中介机构
优势	如果一套住房委托多家中介,在一定程度上可以降低房源信息垄断程度	避免用户跑单,保护经纪人的利益;激励经纪人相互之间形成资源共享
劣势	独家代理的缺乏,使信息资源无法在经纪公司内部和公司之间共享,无法建立共享激励机制	独家代理一旦不以信息共享为前提,就会变成独家垄断

房源。由政府监管部门出面主动推行跨机构的信息共享平台,并且改革配套的经纪人管理制度,不仅成本巨大,而且可能面临比较强烈的行业抵制。更加现实的一种发展趋势反而是通过商业创新的模式,打破原有传统中介服务的格局,进一步降低交易成本、提高搜寻匹配效率。

四 主要经验与启示

尽管各国住房市场中租赁住房占比不尽相同,但租赁市场的发展对解决居民住房问题、促进整个住房市场健康发展具有不可忽视的作用。本书通过对美国和德国住房租赁市场发展的几个关键问题的梳理,得出以下几点经验与启示。

第一,鼓励和支持机构化租赁,对住房租赁市场的发展具有示范作用。美国和德国的租赁房源供给中均以私人住房租赁为主,但机构持有租赁房源同样不可小觑。美国和德国的住房租赁市场中,机构持有房源分别约占三成和四成。以机构为主体更便于政府管理和监督,机构出租人的规范经营也会给个体出租人以示范作用，带动整体市场的规范化。需要注意的是，美国和德国在支持机构化租赁发展过程中都有特殊的政策安排，如美国的REITs支持、德国的公私合作模式。

第二，住房租赁市场的有序发展需要健全的法律体系进行规范和约束。美国对出租人、中介从业人员均有严格的行为规范要求，房地产中介的市场准入门槛较高，《房屋租赁法》有效保护了承租人的权益。德国的《住房建设法》《租金水平法》《住房租赁法》和《私人住房补助金法》，为住房租赁的市场参与者提供了基础性制度保障，对住房租赁市场的规范和发展起到重要作用。同时，德国严格的租金管制也稳定了租赁双方的心理预期，提高了居民的住房租赁意愿。

第三，审慎推进住房租赁交易信息平台建设，以促进市场竞争带动传统中介服务转型升级。当前很多城市出台的发展住房租赁市场的工作实施方案中，都提出建立政府住房租赁交易服务平台。尽管部分学者推崇美国房地产经纪服务行业的多重信息共享系统，但美国的住房租赁信息共享平台依托于双边经纪人的制度安排、住房租赁经纪服务的独家代理模式以及经纪人的佣金提成安排等系列政策。这套系统在不同国家和地区的适用性和必要性仍有待进一步地深入分析，比如德国虽然并没有一套类似于美国MLS系统的制度安排和信息平台，但其住房租赁市场的运行效率和实际效果依然良好。在我国现行环境下，由政府监管部门出面主动推行跨机构的信息共享平台，成本不容忽视，且可能引发行业的抵制和阻碍。建议鼓励新兴的住房租赁信息与交易平台发展，激活中介行业的市场竞争，保障交易环节的自由选择，逐步引导传统中介服务业转型升级，提高住房租赁交易的搜寻匹配效率。

第九章
有序推进租购并举住房制度建设的政策建议

租购并举的住房制度是实现居民住有所居的重要举措，也是促进房地产市场健康发展的基础性制度。这一制度的设计和完善需要建立在对我国城镇居民家庭住房租买结构的现实特点进行正确认识以及对居民家庭住房租买选择的微观机理进行客观把握的基础上。立足国情、理清现状、找准问题，是科学设计住房制度和政策的关键。

一 正确认识我国城镇居民家庭的住房租买结构特点

（一）城镇居民家庭住房租买结构的特殊性

经过"房改"以来20多年的发展，市场已成为我国城镇居民家庭获得住房的主要渠道。城镇居民家庭住房租买选择在变化趋势上表现出与发达国家类似的特征，住房自有率随着户主年龄的增长而增加、随着家庭收入水平的提高而增加。但是，我国特殊的制度环境及体制机制因素使住房租买结构和住房问题的分析远比发达国家复杂。

第一，城镇居民家庭较高的住房自有率并不是住房市场渐进发展的结果，非市场化住房对此做出了重要贡献。根据国家统计局全国1%人口抽样调查数据，2015年我国城镇居民家庭住房自有率为79.2%，明显高于欧美国家的平均水平。但这种较高的住房自有率并不是住房市场渐进发展的结果。受城乡二元管理体制以及公房出售政策的影响，自建住房和购买原公有住房两类非市场化住房是城镇居民家庭自有住房中的重要构成。2000~2015年，自建住房始终在城镇居民家庭住房来源中占30%以上的份额，这些住房很多是原农村集体土地上的住房，由于行政区划调整而被划归城镇范围。这部分住房并非通过市场化途径获取的，但对住房市场整体自有率的提高具有正向贡献。另外，受住房制度改革中公房出售政策的影响，购买原公有住房对城市家庭实现住房自有做出了重要贡献。2000年城镇住房制度改革之初，城市家庭住房来源中购买原公有住房的比例接近30%，2015年该比例仍为15.9%。我国城镇居民家庭住房来源渠道的特殊性，使得对住房问题的分析要远比国外复杂。

第二，非市场化住房的获取机会影响着不同年龄和不同户口性质家庭实现住房自有的难度，导致住房矛盾在新就业群体和外来务工人员中表现较为突出。从年龄结构看，20世纪70年代之前出生的人，享受福利分房的概率较高，这使他们可以较低的成本实现住房自有，而且也为他们之后购买商品房积累了财富，表现为户主年龄在40岁及以上尤其是45岁及以上的家庭住房来源中购买原公有住房的比例明显提高，而且拥有多套住房的比例也高于其他家庭；而户主年龄在30岁以下的家庭多数只能通过市场化途径解决住房问题。此外，我国城市家庭住房自有率平均水平高于美国，但30岁以下家庭住房自有率低于美国，表明住房自有率在不同年龄群体间的差异更大。从户口性质来看，本地非农户口和本地农村户口家庭的住房自有率均在80%以上，自建住房和购买原公有住房对住房自有贡献较高，而外地非农户口家庭和外地农村户口家庭住房自有率分别约为50%和10%，非市场化住房获取比例极低。

第三，不同收入群体住房自有率差异相对较小，城市中等以上收入家庭的住房自有率低于发达国家。按照收入七等分统计，我国最低收入和低收入组家庭的住房自有率高于其他收入组家庭，城市中等偏下收入组家庭住房自有率相对最低。但最低收入家庭和低收入家庭很多是由于城市扩张而"被城市化"的农村居民，其住房来源中自建住房占很高比例，自建住房和购买原公有住房两类非市场化住房对最低收入和低收入家庭住房自有率的贡献率高达80%，通过购买商品房实现住房自有的比例较低。这与我国特殊的土地制度以及城乡二元管理体制有关。而从国际比较的角度来看，我国城市中等收入以上家庭的住房自有率低于美国、英国和日本，而中等收入以下家庭的住房自有率相对较高。这一结果意味着，现阶段我国住房政策的设计仅看收入指标是远远不够的。

（二）需澄清的几个误区

经历"房改"以来20多年的发展，我国城镇居民家庭住房租赁市场已形成一定规模。根据国家统计局2015年全国1%人口抽样调查数据估计，城镇租赁住房家庭约3646.3万户，占城镇全部家庭的16.1%。其中，有495.8万户家庭租赁廉租公租房，占城镇全部家庭的2.2%；有3150.5万户家庭通过市场化途径租赁住房，占城镇全部家庭的13.9%。目前市场各参与方对我国城镇居民家庭住房租买结构尚存在认识误区，需要澄清。

1. 通过市场化渠道获取住房家庭的租赁比例并不低

根据全国1%人口抽样调查数据，2015年我国城镇居民家庭住房自有率为79.2%，明显高于欧美国家的平均水平。但这种较高的住房自有率并不是住房市场渐进发展的结果。受城乡二元管理体制以及公房出售政策的影响，自建住房和购买原公有住房两类非市场化住房是城镇居民家庭自有住房中的重要构成。2015年，这两类住房在城镇居民家庭住房来源中的占比分别为34.1%和11.3%，对住房自有率的贡献率高达57%。如果仅考虑住房来源中购买新建商品房、购买二手房、租赁其他住房（向私人、单位或房地产开发部门租借并按市价格缴纳房租的住房,是一种通过市场化途径租赁的住房)三种通过市场化渠道获取住房的方式,则2015年,我国城镇市场化住房自有率为68.9%,略高于欧美国家住房自有率的平均值;其中,城市与镇的分别为67.5%和72.8%,城市家庭市场化住房自有率与欧美国家的平均值大致相当,其租赁住房比例超过30%,表明通过市场化渠道获取住房家庭的租赁比例并不明显低于发达国家。

2. 一线城市住房租赁比重与世界级大城市不相上下

2015年,我国租赁住房比重最高的城市是深圳,其租赁住房家庭在全部家庭中占比高达72.8%,一线城市中广州、上海、北京的租赁住房比例也都超过30%。如果只考虑市场化途径获取住房的家庭,则深圳、广州、北京、上海四个一线城市居民家庭的租赁住房比重分别为79.0%、54.5%、51.4%、43.8%,与纽约、伦敦、东京等世界级大城市50%左右的住房租赁比重不相上下。

3. 当前住房租赁房源不存在供给不足的问题

国务院办公厅发布的《关于加快培育和发展住房租赁市场的若干意见》提出从增加租赁住房用地供应、允许将商业用房等按规定改建为租赁住房、在新建租赁住房项目用地出让方案和合同中明确规定持有出租的年限三个方面增加租赁住房供给。上述办法均是从新建角度考虑的。但我国目前已不存在住房短缺问题。初步估计,住房套户比超过1.1。而且,从未来人口年龄结构的变化来看,我国35岁以下主要租房群体的数量总体呈减少趋势。其中,20~24岁和25~29岁的新就业人口数量减少更为明显(见图9-1)。这意味着未来住房租赁市场的总体发展速度将放缓,住房租赁市场发展的关键在于结构优化。

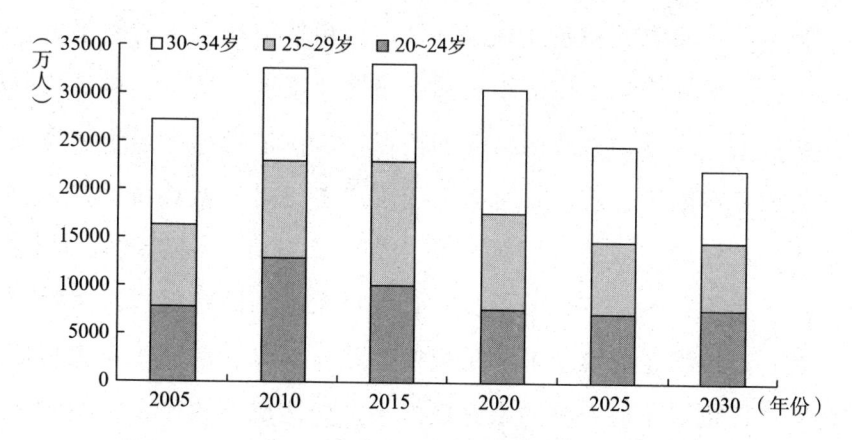

图9-1 我国35岁以下主要租房群体数量的变化

资料来源：国家根据统计局全国人口普查和全国1%人口抽样调查资料计算得到。

二 把握我国城镇居民家庭住房租买选择的基本规律

有效住房政策的设计需建立在把握住房需求特点和住房问题的基础上。本书在系统梳理国内外有关居民家庭住房租买选择的理论分析与实证研究的基础上，结合我国经济社会以及住房市场领域的特殊性，利用全国人口普查和全国1%人口抽样调查统计数据以及2010年北京、上海、深圳、成都、杭州五个城市的城镇住户调查微观数据，对我国城镇居民家庭住房选择行为及需求特点进行定量研究。研究主要得出以下几方面结论。

（一）城镇居民家庭住房租买选择及需求的基本规律

本书的定量分析结果表明，随着房地产市场的逐步发展，市场机制在住房资源配置中发挥主要作用，我国城镇居民家庭住房租买选择行为表现出很多规律。这些是住房政策应考虑的重要因素。

第一，年轻家庭和新迁入家庭是住房租赁市场稳定的需求者，在住房选择上偏好于与工作地距离和交通便捷程度。从住房租买选择模型的估计结果来看，家庭生命周期特点与居住稳定性是影响住房租买选择的最基本因素，住房自有概率随着户主年龄的增长而提升、随着家庭人口数的增加而提升、随着户主在本市居住时间的增加而提升。上述结果表明，年轻家庭、单身和 2 人户家庭、城市新迁入家庭，是住房租赁市场稳定的需求者。从租赁住房与自有住房群体家庭特征的比较来看，租赁住房家庭的家庭规模小，居住流动性较大，在本市居住时间平均为 6 年，在本处住房的平均居住时间为 2 年。从租赁住房需求特点来看，租赁住房家庭的住房面积小、住房房龄较长，在住房选择上更偏好于与工作地距离和交通便捷程度，上下班的交通方式以步行或骑自行车为主，其次是乘坐公共交通。

第二，家庭对未来收入变化的预期影响当前住房选择行为，收入和财富水平是影响家庭住房自有概率和住房投资需求的经济因素。家庭住房租买选择是结合自身经济实力与住房租买相对成本的分析而做出的理性决策。住房自有概率随着家庭收入和财富水平的提高而提高，体现了支付能力和预算约束对实现住房自有的影响；随着租金房价比的提高而增加，体现了家庭在进行租买选择决策时对租买相对成本的考量。对住房租买产权细分选择的模型估计结果显示，家庭收入和财富水平对住房投资需求的影响程度大于对自住需求的影响，即住房投资需求随着收入和财富水平的提升而以更快的速度增加。需要指出的是，家庭进行住房选择时不单单考虑当前收入，更会考虑对未来收入变化的预期。特别是在我国处于经济较快增长阶段，家庭对未来收入增长的预期普遍乐观，从而使得持久收入对住房选择的影响程度更大。这一结果意味着，对于经济处于快速发展阶段的发展中国家，静态的房价收入比指标不适用于对住房支付能力的评价。

第九章　有序推进租购并举住房制度建设的政策建议

第三，住房市场的潜在购买需求主要来自由租转买的购房需求和出于住房改善目的而产生的购房需求。潜在购房需求包括由租转买的首次购房需求、住房改善需求和住房投资需求。对住房购买意愿选择的实证研究结果表明，家庭未来购房意愿随着户主年龄的增长而减弱，与家庭人口数量之间呈现倒 U 形关系，2 人户家庭的住房购买意愿最强。从户口性质的影响来看，非农户口家庭（本地非农户口和外地非农户口家庭）的购房意愿最强，而外地农村户口家庭的购房意愿最弱。上述结果表明，处在生命周期前段的家庭、城市新迁入家庭以及非农户口家庭，是未来住房市场的潜在购买者。从住房状况的影响来看，当前住房房龄较长以及租赁市场住房的家庭，未来住房购买意愿较强，反映了出于住房质量改善目的而产生的购房需求和由租转买的购房需求。从住房需求弹性的估计结果中推算得出，住房购买需求中投资性需求和消费性需求分别占 35% 和 65%，表明多数家庭的住房购买仍以消费性需求为主。

第四，我国城镇居民家庭住房需求的收入弹性和价格弹性（绝对值）小于多数发达国家和发展中国家，租赁住房需求接近于无价格弹性。住房需求的收入弹性和价格弹性是表征住房需求特征的关键指标。本书以北京、上海、深圳、成都、杭州五个城市为样本，对自有住房与租赁住房需求弹性的估计结果表明，自有住房与租赁住房需求的收入弹性分别为 0.404 和 0.374，价格弹性分别为 -0.125 和 0.019。其中，租赁住房需求接近于无价格弹性。我国住房需求收入弹性和价格弹性（绝对值）的估计值小于多数发达国家和发展中国家，与已有研究对日本东京 20 世纪 80 年代和 90 年代的估计结果较为接近。

（二）特殊的制度环境因素对居民住房选择的影响

本书在理论分析部分考虑的我国城镇居民住房租买选择制度环境

影响因素包括户籍制度、住房公积金制度、住房市场成熟度、住房租赁市场的完善程度、房价上涨预期等。但由于数据可得性的限制,实证研究中主要对户籍制度、住房公积金制度和房价上涨预期三方面因素进行了分析。

第一,户籍制度下的机会不公平通过住房市场被放大。我国现行户籍制度导致本地户口与外地户口家庭之间以及城市户口与农村户口家庭之间存在明显的机会不公平,而这种不公平通过住房市场被放大。本地户口家庭住房来源中自建住房和购买原公有住房的比例较高,这两类住房的获取成本较低,从而降低了本地户口家庭实现住房自有的成本。实证研究结果表明,不同户口性质家庭拥有多套房的概率明显不同,本地户口家庭与外地户口家庭之间拥有多套房比例的差异大于二者住房自有率的差异,显示了本地户口家庭与外地户口家庭之间住房资源占有的不均等。从住房购买意愿选择的研究结果来看,城市户口家庭的未来购房意愿强于农村户口家庭。在"房改"之初,城市户口家庭享受福利分房的概率较高,这成为由住房制度改革造成起点不公平的一个因素,而这种不公平随着城市经济的快速发展和住房资产的升值而被放大。

第二,住房公积金制度有助于家庭实现住房自有,助推了住房投资需求,但对当前租赁住房家庭实现住房自有的帮助有限。住房公积金制度作为我国"房改"以来城镇住房政策的一项重要内容,在帮助家庭实现住房自有方面发挥了积极作用。实证研究结果显示,参加住房公积金制度的家庭,住房自有发生比比未参加住房公积金制度的群体高38.5%。但同时,参加住房公积金制度的家庭,拥有多套住房的概率更高,住房投资需求倾向明显高于未参加住房公积金制度的家庭,表明住房公积金制度对投资需求的助推。此外,是否参与住房公积金制度对租赁住房家庭未来购房意愿选择的影响不显著,表明住房

第九章 有序推进租购并举住房制度建设的政策建议

公积金制度在帮助当前租赁住房家庭实现住房自有方面的作用有限。

第三，房价上涨预期导致住房需求被提前释放，加大了住房投资需求倾向。房价上涨预期对居民家庭的住房租买选择决策影响显著，而且这种预期表现为短视预期行为，即认为过去房价的变化趋势会延续到未来。对未来房价上涨预期越高的家庭，选择住房自有的概率越大，且住房投资需求倾向越强。新就业群体的住房自有选择受房价上涨预期的影响更大，对未来房价上涨的预期会导致住房需求的提前释放。此外，模型估计结果显示，租买相对成本对家庭住房选择的影响小于房价上涨预期的影响，这是我国住房市场中租售比扭曲的原因之一。预期的自我实现是资产价格泡沫发生的诱发因素，这意味着合理引导居民预期是现阶段促进住房市场平稳发展的重要方面。

（三）城市新就业群体和外来务工人员的住房需求特点

解决城市新就业群体和外来务工人员的住房问题，是我国住房政策的一项重要内容，对这两类群体的政策帮助需考虑其住房需求的特殊性。

新就业群体实现从租到买的产权转换意愿较强，代际帮助对他们实现住房自有发挥了至关重要的作用。新就业群体中当前住房产权状况为租赁私房的家庭未来住房购买意愿明显强于其他住房状况家庭，反映出它们实现从租到买的住房产权转换意愿较强。从他们住房选择的影响因素来看，新就业群体从单身向结婚或生育阶段转折时会产生较强的住房自有需求，其未来购房意愿主要受租买相对成本的影响而非房价上涨预期的影响，这些结果都体现出新就业群体的潜在购房需求主要是自住需求。但新就业群体实现住房自有的经济影响因素不同于其他群体，实证研究结果显示，在家庭持久收入、财富水平和住房租买相对成本三个经济影响因素中，只有家庭财富水平的影响效应显著为正，且它对新就业群体住房自有发生比的影响程度远远大于对城镇居民家庭的影响。这一结果表明，新就业群体总体住房支付能力较弱，且住房购买受首付款约束更大，能够获得代际帮助的新就业家庭实现住房自有的能力较强。

外来务工人员的住房选择主要取决于收入水平和居住稳定性，他们存在通过最小化住房消费支出以增加储蓄的倾向。外来务工人员的住房需求特点与其他群体明显不同，家庭生命周期特点对住房选择的影响不显著，且实现由租转买的产权转换动力不足。模型估计结果显示，外来务工人员住房自有的实现受家庭收入水平的影响远远大于其他城镇居民家庭；外来务工人员住房自有概率和未来购房意愿均随着在本地居住时间的增加而增强。与其他城镇居民家庭不同的是，当前住房质量较差的外来务工人员家庭未来购房意愿反而弱，这在一定程度上反映出，部分外来务工人员原本就打算在城市暂居，通过最小化住房消费支出更多地积累储蓄，这部分外来务工人员没有打算在打工地购房。此外，住房公积金制度由于对外来务工人员的覆盖率很低，对外来务工人员提高住房支付能力的帮助不明显。

三 当前租购并举住房制度建设面临的现实难题

当前住房领域表现出的问题不单单源于房地产自身，更有诸多外部环境和制度因素的制约。这意味着住房政策的设计在把握居民住房需求特点的基础上，需要在整个宏观经济体制的大框架下进行系统考虑。

（一）内外部环境因素影响住房梯级消费模式的形成

理想的住房消费模式应该是"先租后买、先小后大"的梯级模式。我国偏向住房购买的消费习惯固然与传统文化有关，但在更大程度上受房地产内部制度环境和外部宏观环境的影响。一方面，我国长期以来以新建房市场为主，二手房市场和住房租赁市场发展相对滞后，不利于住房市场过滤机制作用的发挥。另一方面，我国尚没有开征房产税，再加上近年来持续的低利率而房价却保持较高涨幅，使得住房的持有成本很低，近乎为零。这是人们在众多投资品中偏好住房投资而且倾向于从住房买卖差价中获利的重要原因。在这样的宏观政策环境下，"租房不如买房""晚买不如早买"是居民的一种理性反应。当居民都想从住房投资中获益时，便会出现"全民炒房"的狂热。

（二）城市土地溢价收益缺乏合理的分配机制导致居民重买轻租

早在1879年，美国经济学家和政治家亨利·乔治在著作《进步与贫穷》就指出，城市土地价值代表的主要是社会财富，而不是个人创造的财富。对这一财富征税，既能集合公共资源用于城市公共物品的供给以惠及全体人民，又能使公共投入成本比较公平地在居民之间得到分摊。这是许多国家征收房产税的理论基础。我国目前没有实质意义上的房地产税，土地出让金可以近似看作对城市土地溢价收益的征税。但土地出让金只是对新建住房的一次性征收，存量住房的土地溢价收益基本被住房所有者获取，而无任何劳动投入。这种与住房所有权绑定的土地溢价收益对居民重买轻租的住房消费行为形成激励。

（三）教育资源不均等制约租购同权的真正落地

租购同权是租购并举住房制度建设的关键环节。相对于其他公共服务，子女受教育的权利无疑是家庭最为关注的，这也是目前购房者与租房者差异最大的权利。但租购同权只能保证享有基本的公共服务，优质教育资源的获取还需通过市场竞争、价高者得的方式进行分配。在现行户籍制度和现有公共服务资源尤其是教育资源分布不均等的情况下，租与购很难达到理想状态下的同权，必然会对能够同权的租赁对象设置门槛。毕竟，租赁权是所有权下面的一个权力，提升租赁权的权能应以尊重所有权为前提。在优质教育资源的稀缺程度没有明显改变的前提下，强行推行租购同权很可能会导致好学校周边的房租大涨，因为优质教育资源的溢价将资本化到租金里。

四 推进租购并举住房制度建设的政策建议

上述实证研究结果表明，市场机制已经在我国住房资源配置方面发挥了主导作用，我国城镇居民家庭住房租买选择行为及需求特点表现出很多规律性特征。但同时，我国特殊的制度环境和体制机制性因素对居民住房需求的影响意味着住房政策的设计必要结合中国现实情况。综合考虑基本规律和中国特色，本书提出以下政策建议。

（一）多元化租赁住房供给方式，多措并举发展住房租赁市场

城市新迁入人口和在家庭生命周期中处于前段的家庭是住房租赁市场稳定的需求者，这意味着在我国城镇化快速发展过程中，培育和发展住房租赁市场对于城市住房问题的解决具有重要意义，尤其是人口流入规模较大、年轻人口占比较高的城市。随着我国就业流动性的增强、家庭规模小型化以及婚育年龄推迟等趋势的出现，新生代对租赁住房的消费升级将逐步显现。这也对住房租赁市场的发展提出了客观要求。结合国际经验和我国现实情况，本书建议，我国住房租赁市场的发展，除了完善税收体系和稳定租约关系外，更需要在以下方面积极推进。

一是注重盘活存量住房资源。当前住房租赁房源不存在供给不足的问题，因此，培育和发展住房租赁市场的关键不在于新建租赁房源，更多的关注应放在多元化租赁住房供给方式、盘活住房存量资源上。而且，我国租赁住房家庭需求特点也显示，他们在住房选择时最看重的是与上班地点的距离，其次是交通便捷程度。这意味着这种需

求分散程度较大。建议通过税收优惠政策鼓励私人家庭进行房屋出租;加强对住房租赁市场的管理,通过改造升级等疏导措施发挥"城中村"等非正规住房在我国住房租赁市场中的作用;支持规模化租赁企业通过租赁、购买等方式多渠道筹集房源,优化房地产供给体系的租售结构。

二是从金融端发力鼓励和支持机构化租赁。欧美国家经验表明,多数国家住房租赁市场中以私人出租住房为主,这符合住房市场的发展方向。但在租赁房源供给中,机构持有租赁房源同样不可小觑,它们对住房租赁市场的发展具有示范作用。美国和德国的住房租赁市场中,机构持有房源分别约占三成和四成。以机构为主体更便于政府管理和监督,机构出租人的规范经营也会给个体出租人以示范作用,带动整体市场的规范化。但美国和德国在支持机构化租赁发展过程中都有特殊的政策安排,如美国的 REITs 支持、德国的公私合作模式。我国目前长租公寓实现长远发展的关键制约在金融端,建议通过完善住房租赁信贷产品和积极发展住房租赁资产证券化产品给予支持。

三是在大城市通过提供公共租赁住房带动租赁市场发展。租买相对成本是家庭住房选择中权衡的一个重要因素。研究发现,租金的变化对家庭租买选择的影响远远大于房价变化的影响。而且,与自有住房家庭相比,租赁住房家庭的购房意愿选择受租买相对成本的影响更大,这意味着,租赁市场中租金的较快上涨将刺激住房购买需求。保持租金的稳定对现阶段住房租赁市场的发展至关重要。但本书基于北京、上海、深圳、成都、杭州五个城市数据估计得出的居民家庭住房需求的收入弹性和价格弹性较小,这意味着在我国大城市通过收入转移和租金补贴提高住房消费的作用有限。住房选择的实证研究结果表明,当前租赁住房家庭基于改善住房条件而进行住房购买的动机不强,更多是为实现住房自有而最小化当前的租房消费。因此,目前在大城市提供公共租赁住房的保障政策有其必要性。

（二）完善税收政策和公共服务供给，推动住房三级市场协同发展

我国特殊的制度环境因素导致住房获取机会不公平、住房资源占有不均等、住房资源错配问题较为突出，表现在不同群体获取非市场化住房的机会差异较大，住房市场中租赁住房但同时在别处拥有住房的家庭占比以及拥有多套房家庭占比较高，购买原公有住房家庭的住房价格与收入水平的不匹配等多个方面。提高住房资源配置和利用效率，是促进我国住房市场健康发展的重要方面。

一是完善房地产交易环节和持有环节的税收政策，提高住房资源配置和利用效率。当前我国房地产市场已不存在总量不足问题，而是资源的有效配置问题以及由此带来的财富差距扩大问题，亟须通过房地产税收政策进行调节。而且，从国际经验来看，税收政策是调节住房资源配置的最有效的市场手段，应作为房地产调控长效机制建设的重要考虑内容。在交易环节，建议根据卖房者在住房内居住时间的长短而设置不同水平的流转税（如印花税、营业税、资本利得税）税率。在持有环节，建议加快推进房地产税立法工作，适时开征房地产税，发挥它调节居民财富分配和提高住房资源配置效率的作用。

二是通过城市内部和城市之间公共服务均等化的发展推动存量房市场发展。经过"房改"以来20多年的发展，我国目前住房市场并不存在总量短缺问题。但我国城镇居民家庭住房的获取并不是完全市场化的。存量住房特别是房改私房流通比例较低，是造成住房市场局部性供求紧张、居住与就业的不匹配的主要原因。推进新建市场、存量市场和租赁市场三级市场的协同发展，是梯级住房消费模式形成的基础。而这背后的一个重要影响因素就是公共服务空间分布的不均等。因此，对于存量住房市场的发展，除了税收政策调节外，也需要公共服务均等化推进的同步。

三是推进教育领域公共服务均等化，实现真正意义的租购同权。在教育资源供给有限且质量差距较大的现状下，租购同权的推进是一个渐进的过程，需要结合教育领域的改革和配套政策逐步实现。建议政府加大对教育资源的投入，改善教育资源的配置，缩减不同学校之间教育质量的差距；明确教育领域改革的中长期方向和短期推行进程，使居民的住房租购选择形成稳定的预期；在教育资源相对充足的城市取消对普通学区房租购"同权"的前置条件，试点租购同权政策并评估其效果。

（三）提高城市新就业群体和外来务工人员住房支持政策的针对性

我国特殊的制度环境因素导致城市新就业群体和外来务工人员的住房问题表现不同于其他国家。基于对这两类群体住房选择及需求特点的分析，本书建议对新就业群体和外来务工人员的住房支持政策应在以下几方面提高针对性。

一是以新就业群体和外来务工人员在本地居住时间为标准设计住房政策，具体标准可因城而异。居住稳定性对新就业群体和外来务工人员的影响程度明显大于其他群体。借鉴发达国家解决迁移人口住房问题的经验，建议以居住时间长短为标准设计住房政策，具体标准由地方政府确定。3~5年是国外通常采用的公共住房政策准入居住年限要求。

二是对新就业群体实施首次购房帮助政策。实证研究表明，新就业群体实现由租转买的购房意愿最强，而且其潜在需求以自住需求为主。同时，我国特殊的"房改"制度也带来了新就业群体与其他群体在非市场化住房获取机会上的差异以及获得代际帮助的差异。因此，现阶段对城市新就业群体的首次置业提供帮助的住房政策有现实需求，该政策可作为一种过渡性的制度安排。

三是对城市外来务工人员的住房帮助政策应侧重于供给端。城市外来务工人员流动性较大，住房消费意愿不足，而且部分外来务工人员原本就打算在城市暂居。这些特点都决定了向他们提供供给端支持的住房政策更有效，如提供租赁型住房。此外，外来务工人员的住房类型与其行业特点紧密相关，建议发挥企业在解决外来务工人员住房问题中的作用。国家统计局关于农民工监测调查报告的数据显示，通过雇主和单位提供宿舍的方式满足了约1/3农民工的住房需求。

（四）改革现行住房公积金制度

作为推动我国城镇住房制度改革的一项重要政策，住房公积金制度在帮助家庭实现住房自有方面发挥了积极作用。但随着住房市场的发展，该制度也暴露出许多问题。本书的实证研究结果表明，住房公积金制度对住房投资需求起到正向推动作用，偏离了支持住房消费的目标；对当前租赁家庭实现住房自有几乎没有帮助。而且，住房公积金的缴存人群主要为党政机关、事业单位和国有企业的"体制内"员工，对全部城镇就业人群的覆盖面只有1/3。这意味着，目前住房公积金制度在运行过程中产生了加大住房资源占比不均等、扩大收入分配差距的负面影响。因此，有必要重新审视其政策定位，修改现行条例内容，以更好地发挥住房公积金制度支持普通家庭住房消费的作用，减少该制度在不同群体之间的不公平。

一是扩大公积金缴存面，保证缴存机会均等。建议将个体职业者也纳入公积金缴存面，改目前的"强制缴存"为"强制缴存和自愿缴存相结合"。通过个人自愿缴存业务，拓展个人缴存通道，一方面可以筹集到更多的住房公积金，另一方面也可为目前没有进入公积金体系的人员提供享受公积金优惠政策的机会，以保证公积金缴存方面的机会均等。

二是加大公积金制度对普通家庭住房消费的支持力度。住房资源占比不均等、收入分配差距，是目前公积金制度亟待解决的问题，也

第九章　有序推进租购并举住房制度建设的政策建议

是公积金制度改革的一个重要方面。建议公积金制度应设计成向中低收入家庭倾斜的政策安排，与财政补贴相结合，共同提升中低收入职工家庭的住房支付能力；加大公积金对住房租赁家庭的支持力度，从建设和消费两个方面支持住房租赁市场的发展；改革现有运营和管理体制，发挥住房公积金的政策性住房金融的功能，以更好地实现公积金制度为普通家庭住房消费提供多种方式的金融支持。

参考文献

[1] 陈多长、余巧奇、虞晓芬：《城市居民租购住房偏好差异及其影响因素——以杭州市为例的实证研究》，《浙江工业大学学报》（社会科学版）2011年第10卷第1期。

[2] 陈洪波、蔡喜洋：《全球房地产启示录之稳定的德国》，经济管理出版社，2015。

[3] 崔裴、严乐乐：《住房租买选择机制缺失对中国房地产市场运行的影响》，《华东师范大学学报》（哲学社会科学版）2010年第1期。

[4] 窦尔翔：《论中国房地产市场发展中的十大关系》，《学习与探索》2008年第2期。

[5] 樊潇彦、袁志刚、万广华：《收入风险对居民耐用品消费的影响》，《经济研究》2007年第4期。

[6] 侯淅珉、应红、张亚平：《为有广厦千万间——中国城镇住房制度的重大突破》，广西师范大学出版社，1999。

[7] 黄居林：《双边市场与房地产经纪发展模式研究》，《改革与战略》2010年第26卷第2期，第122~125页。

[8] 李实等：《中国家庭收入调查（CHIPS）》，1995。

[9] 李讯：《德国住房租赁市场发展的主要经验及启示》，《金融发展研究》2011年第10期，第46~49页。

[10] 刘增锋：《美国住房租赁市场运行机制探讨及借鉴》，《中国房地产》2011年第12期，第76~80页。

[11] 潘虹:《居民住宅权属选择影响因素研究——以上海市为例》,硕士学位论文,浙江工业大学,2008。

[12] 钱聪:《关于房地产多重上市服务系统(MLS)的应用研究》,硕士学位论文,华中师范大学,2007。

[13] 任荣荣、程选、岳国强:《我国2003~2010年房价收入弹性约为1.4》,《投资管理参考》2012年2月14日。

[14] 孙丹:《发展住房租赁市场的国际比较与政策建议》,《金融与经济》2011年第8期,第41~44页。

[15] 孙杰、赵毅、王融:《美国、德国住房租赁市场研究及对中国的启示》,《开发性金融研究》2017年第12卷第2期,第35~40页。

[16] 王辉龙、王先柱:《房价、房租与居民的买租选择:理论分析与实证检验》,《现代经济探讨》2011年第6期。

[17] 徐建炜、徐奇渊、何帆:《房价上涨背后的人口结构因素:国际经验与中国证据》,《世界经济》2012年第1期。

[18] 徐跃进、刘洪玉:《我国住房租赁市场发展机构出租人之探讨》,《中国房地产》2015年第33期,第3~9页。

[19] 易成栋、黄友琴:《中国城市自有多套住宅家庭的空间模式实证研究》,《经济地理》2010年第4期。

[20] 虞晓芬:《居民住宅租购选择及其弹性研究:以杭州为对象》,经济科学出版社,2007。

[21] 郑思齐:《住房需求的微观经济分析——理论与实证》中国建筑工业出版社,2007。

[22] 郑宇劼、张欢欢:《发达国家居民住房租赁市场的经验及借鉴——以德国、日本、美国为例》,《开放导报》2012年第2期,第31~34期。

[23] 周京奎:《收入不确定性、住宅权属选择与住宅特征需求——以家庭类型差异为视角的理论与实证分析》,《经济学(季刊)》2011 年第 10 卷第 4 期。

[24] 朱丹:《我国城镇居民住房租买选择的经济学分析》,硕士学位论文,吉林大学,2006。

[25] Bischoff, O., W. Maennig, "Rental Housing Market Segmentation in Germany according to Ownership," *Journal of Property Research*, 2011, 28 (2): 133 – 149.

[26] Börsch-Supan, A., F. Heiss and M. Seko, "Housing Demand in Germany and Japan: Paper in Memoriam of Stephen Mayo," *Journal of Housing Economics*, 2001, (10): 229 – 252.

[27] Carliner, G., "Income Elasticity of Housing Demand," *The Review of Economics and Statistics*, 1973, (4): 528 – 532.

[28] Chou W. L. and Shih Y. C., "Hong Kong Housing Markets: Overview, Tenure Choice, and Housing Demand," *Journal of Real Estate Finance and Economics*, 1995, (10): 7 – 21.

[29] DiPasquale, Denise, and William C. Wheaton, *Urban Economics and Real Estate Markets* (Englewood Cliffs, NJ: Prentice-Hall, 1996).

[30] Duda, M. and B. Li, "Housing Inequality in Chinese Cities: How Important is Hukou?" *Landlines*, 2008: 14 – 19.

[31] Elder, H. W. and L. V. Zumpano, "Tenure Choice, Housing Demand and Residential Location," *The Journal of Real Estate Research*, 1991, 6 (3): 341 – 355.

[32] Ermisch, J. F., J. Findlay and K. Gibb, "The Price Elasticity of Housing Demand in Britain: Issues of Sample Selection," *Journal of*

Housing Economics, 1996, (5): 64-86.

[33] Fisher, L. M. and A. Jaffe, "Determinates of International Home Ownership Rates," *Housing Finance International*, 2003, 18 (1): 34-42.

[34] Fu, Y. M., D. K. Tse and N. Zhou, "Housing Choice Behavior of Urban Workers in China's Transition to a Housing Market," *Journal of Urban Economics*, 2000, 47: 61-87.

[35] Fu, Y. M., "A Model of Housing Tenure Choice: Comment," *The American Economic Review*, 1991, 81 (1): 381-383.

[36] Hackworth, J., "Public Housing and the Rescaling of Regulation in the USA," *Environment and Planning A: Economy and Space*, 2003, 35 (3): 531-549.

[37] Hansson-Brusewitz, U., "Self-selectivity and Kinked Budget Constraints: The Demand for Housing in Sweden," *Journal of Housing Economics*, 1997, (7): 243-273.

[38] Hanushek, E. A. and J. M. Quigley, "What is the Price Elasticity of Housing Demand?" *The Review of Economics and Statistics*, 1980, (3): 449-454.

[39] Henderson, J. V. and Y. M. Ioannides, "A Model of Housing Tenure Choice," *America Economic Review*, 1983, 73 (1): 98-113.

[40] Horioka, C. Y., "Tenure Choice and Demand for Housing in Japan," *Journal of Urban Economics*, 1988, (3): 289-309.

[41] Huang, Y. and W. Clark, "Housing Tenure Choice in Transitional urban China: A Multilevel Analysis," *Urban Studies*, 2002, 39 (17): 7-32.

[42] Hunt, B., "How Should Policymakers Respond to a Decline in

House Prices?" in *United Kingdom: Selected Issues*, IMF Country Report, 2005.

[43] Ioannides, Y. M. and S. S. Rosenthal, "Estimating the Consumption and Investment Demands for Housing and Their Effect on Housing Tenure Status," *The Review of Economics and Statistics*, 1994, (1): 127 - 141.

[44] Jones, C., "Private Investment in Rented Housing and the Role of REITS," *International Journal of Housing Policy*, 2007, 7 (4): 383 - 400.

[45] Jones, L. D., "Current Wealth and Tenure Choice," *Areuea Journal*, 1989, 17 (1): 17 - 40.

[46] Kim, K. and J. K. Jeon, "Why Do Household Rent while Owning Houses? —Housing Subtenure Choice in South Korea," *Habitat International*, 2012, 36 (1): 101 - 107.

[47] Leeuw, F., "The Demand for Housing: A Review of Cross-Section Evidence," *The Review of Economics and Statistics*, 1971, (1): 1 - 10.

[48] Li B., M. Duda, and An X., "Drivers of Housing Choice among Rural-to-urban Migrants: Evidence from Taiyuan," *Journal of Asian Public Policy*, 2009, (2): 142 - 156.

[49] Li M., "A Logit Model of Homeownership," *Econometrica*, 1977, 45 (5): 1081 - 1091.

[50] Lin C. and Lin S., "An Estimation of Elasticities of Consumption Demand and Investment Demand for Owner-Occupies Housing in Taiwan: A Two-Period Model," *International Real Estate Review*, 1999, (2): 110 - 125.

[51] Li S. and Li L. , "Life Course and Housing Tenure Change in Urban China: A Study of Guangzhou," *Housing Studies*, 2006, 21 (5): 653 – 670.

[52] Li S. M. , "Housing Consumption in Urban China: A Comparative Study of Beijing and Guangzhou," *Environment and Planning A*, 2000, 32: 1115 – 1134.

[53] Li S. M. , "The Housing Market and Tenure Decisions in Chinese Cities: A Multivariate Analysis of the Case of Guangzhou," *Housing Studies*, 2000, 15 (2): 213 – 236.

[54] Malpezzi, S. and S. K. Mayo, "The Demand for Housing in Developing Countries: Empirical Estimates from Household Data," World Bank, 1987.

[55] Malpezzi, Stephen and Stephen K. Mayo, "The Demand for Housing in Developing Countries: Empirical Estimates from Household Dada," World Bank, 1987.

[56] Mills, E. S. , "Housing Tenure Choice," *Journal of Real Estate Finance and Economics*, 1990, (3): 323 – 331.

[57] Moriizumi, Y. , "Tenure Choice and the Demand for Rental Housing in Japan," *The Economic Studies Quarterly*, 1993, (1): 29 – 40.

[58] Mulford, J. , "Income Elasticity of Housing Demand," Report Published by The Rand Corporation, July 1979.

[59] OECD, "Recent Housing Price Developments: The Role of Fundamentals," Working Paper, 2006.

[60] Poterba, J. , "Taxation and Housing: Old Question, New Answers," *American Economic Review*, 1992, 82 (2): 237 – 242.

[61] Raya, Josep Maria and Jaume Garcia, "What Are the Real Determi-

nants of Tenure?: A Comparative Analysis of Different Models of the Tenure Choice of a House," *Urban Studies*, 2012, 16: 3645 - 3662.

[62] Shelton, J. P., "The Cost of Renting versus Owning a Home," *Land Economics*, 1968, (2): 63 - 68.

[63] Tan Teck-Hong, "Determinants of Homeownership in Malaysia," *Habitat International*, 2008, 32 (3): 318 - 335.

[64] Tiwari, P., "Housing Demand In Tokyo," *International Real Estate Review*, 2000 (1): 65 - 92.

[65] United Nations Human Settlements Programme (UN-HABITAT), "Rental Housing: An Essential Option for the Urban Poor in Developing Countries," 2003, pp. 1 - 23.

[66] Voigtländer, M., "Why is the German Homeownership Rate so Low?" *Housing Studies*, 2009, 24 (3): 355 - 372.

[67] Wu J., J. Gyourko, and Deng Y., "Evaluating Conditions in Major Chinese Housing Markets," NBER Working Paper, 2010.

附录1
住房价格指数与住房租金指数的 Hedonic 模型估计结果

本书采用住房价格特征方程（Hedonic 模型），利用双对数模型，分别估计样本中五个城市不同行政区的住房价格指数和住房租金指数，结果如表 A1－1 和表 A1－2 所示。DISTRICT 代表不同城市行政区划，其系数估计值可用于计算住房价格指数和住房租金指数。

表 A1－1　五城市不同行政区住房价格指数估计结果

被解释变量：log（住房价值市场估计值）

解释变量	系数估计值	标准差	t 统计量	伴随概率
常数项	－1.229	0.05	－24.07	0.000
log（住房面积）	1.072	0.01	154.19	0.000
log（住房房龄）	－0.096	0.01	－18.55	0.000
住房建筑类型（单元房为0，单栋住宅为1）	－0.071	0.02	－3.37	0.001
住房建筑类型（普通楼房为0，单栋住宅为1）	－0.015	0.03	－0.52	0.601
住房建筑类型（平房及其他为0，单栋住宅为1）	－0.149	0.07	－2.28	0.023
DISTRICT = 110101	2.276	0.03	66.94	0.000
DISTRICT = 110102	2.339	0.05	50.77	0.000
DISTRICT = 110103	2.130	0.03	68.78	0.000

续表

解释变量	系数估计值	标准差	t统计量	伴随概率
DISTRICT = 110104	2.072	0.03	68.49	0.000
DISTRICT = 110105	1.926	0.02	82.86	0.000
DISTRICT = 110106	1.921	0.03	76.59	0.000
DISTRICT = 110107	1.840	0.03	73.25	0.000
DISTRICT = 110108	1.907	0.02	79.92	0.000
DISTRICT = 110109	1.457	0.03	56.76	0.000
DISTRICT = 110111	1.057	0.03	40.97	0.000
DISTRICT = 110112	1.534	0.02	66.21	0.000
DISTRICT = 110113	1.307	0.02	56.43	0.000
DISTRICT = 110114	1.423	0.02	59.41	0.000
DISTRICT = 110115	1.438	0.02	61.42	0.000
DISTRICT = 110116	1.143	0.02	49.46	0.000
DISTRICT = 110117	0.851	0.02	36.57	0.000
DISTRICT = 310101	2.340	0.05	47.18	0.000
DISTRICT = 310103	2.277	0.05	49.06	0.000
DISTRICT = 310104	2.055	0.03	73.80	0.000
DISTRICT = 310105	2.113	0.04	59.62	0.000
DISTRICT = 310106	2.174	0.05	39.70	0.000
DISTRICT = 310107	1.961	0.03	73.22	0.000
DISTRICT = 310108	2.026	0.03	69.54	0.000
DISTRICT = 310109	1.965	0.03	61.35	0.000
DISTRICT = 310110	2.008	0.03	67.59	0.000
DISTRICT = 310112	1.598	0.02	69.51	0.000
DISTRICT = 310113	1.558	0.02	64.63	0.000
DISTRICT = 310114	1.375	0.02	57.08	0.000

附录1 住房价格指数与住房租金指数的 Hedonic 模型估计结果

续表

解释变量	系数估计值	标准差	t统计量	伴随概率
DISTRICT = 310115	1.612	0.02	67.49	0.000
DISTRICT = 310116	0.821	0.03	30.30	0.000
DISTRICT = 310117	1.130	0.02	46.90	0.000
DISTRICT = 310118	1.037	0.02	42.20	0.000
DISTRICT = 310120	1.121	0.03	44.72	0.000
DISTRICT = 330102	2.112	0.03	62.90	0.000
DISTRICT = 330103	2.016	0.03	59.65	0.000
DISTRICT = 330104	1.737	0.03	57.05	0.000
DISTRICT = 330105	1.764	0.04	41.08	0.000
DISTRICT = 330106	1.936	0.03	73.15	0.000
DISTRICT = 330108	1.387	0.07	21.20	0.000
DISTRICT = 330109	0.946	0.03	36.94	0.000
DISTRICT = 330110	1.104	0.03	42.06	0.000
DISTRICT = 330182	0.522	0.03	19.01	0.000
DISTRICT = 440303	1.493	0.03	57.29	0.000
DISTRICT = 440304	1.706	0.03	67.70	0.000
DISTRICT = 440305	1.515	0.03	58.80	0.000
DISTRICT = 440306	0.956	0.03	32.98	0.000
DISTRICT = 440307	0.889	0.03	27.92	0.000
DISTRICT = 440308	1.258	0.03	39.72	0.000
DISTRICT = 510104	1.019	0.03	31.55	0.000
DISTRICT = 510105	0.851	0.04	19.55	0.000
DISTRICT = 510106	0.805	0.03	26.73	0.000
DISTRICT = 510107	0.683	0.03	24.24	0.000
DISTRICT = 510108	0.803	0.03	27.94	0.000

续表

解释变量	系数估计值	标准差	t统计量	伴随概率
DISTRICT = 510112	0.207	0.03	6.71	0.000
DISTRICT = 510113	-0.145	0.05	-3.11	0.002
DISTRICT = 510114	0.071	0.05	1.55	0.120
统计值					
调整后的 R^2	0.82	样本量（个）		18291

表 A1-2 五城市不同行政区住房租金指数估计结果

被解释变量：log（住房市场租金）

解释变量	系数估计值	标准差	t统计量	伴随概率
常数项	3.006	0.11	26.76	0.000
log（住房面积）	0.664	0.01	56.57	0.000
log（住房房龄）	0.023	0.01	2.15	0.032
住房建筑类型（单元房为0，单栋住宅为1）	0.342	0.05	6.88	0.000
住房建筑类型（普通楼房为0，单栋住宅为1）	0.182	0.06	3.09	0.002
住房建筑类型（平房及其他为0，单栋住宅为1）	-0.089	0.06	-1.57	0.116
DISTRICT = 110101	1.815	0.09	21.06	0.000
DISTRICT = 110102	1.727	0.08	21.08	0.000
DISTRICT = 110103	1.714	0.09	19.14	0.000
DISTRICT = 110104	1.542	0.08	18.63	0.000
DISTRICT = 110105	1.517	0.08	18.02	0.000
DISTRICT = 110106	1.345	0.08	16.27	0.000
DISTRICT = 110107	1.322	0.09	15.14	0.000
DISTRICT = 110108	1.634	0.08	20.06	0.000

附录1　住房价格指数与住房租金指数的 Hedonic 模型估计结果

续表

解释变量	系数估计值	标准差	t统计量	伴随概率
DISTRICT = 110109	0.858	0.09	9.64	0.000
DISTRICT = 110111	0.656	0.12	5.27	0.000
DISTRICT = 110112	1.056	0.09	12.30	0.000
DISTRICT = 110113	0.852	0.13	6.73	0.000
DISTRICT = 110114	0.835	0.08	9.83	0.000
DISTRICT = 110115	0.918	0.08	11.35	0.000
DISTRICT = 110116	0.707	0.12	6.12	0.000
DISTRICT = 110117	0.341	0.18	1.93	0.054
DISTRICT = 310101	1.568	0.11	14.18	0.000
DISTRICT = 310103	1.549	0.13	12.32	0.000
DISTRICT = 310104	1.514	0.09	16.16	0.000
DISTRICT = 310105	1.574	0.11	14.45	0.000
DISTRICT = 310106	2.026	0.14	14.16	0.000
DISTRICT = 310107	1.383	0.10	14.32	0.000
DISTRICT = 310108	1.520	0.11	13.66	0.000
DISTRICT = 310109	1.290	0.10	13.22	0.000
DISTRICT = 310110	1.408	0.10	14.21	0.000
DISTRICT = 310112	1.281	0.09	14.87	0.000
DISTRICT = 310113	0.866	0.09	10.07	0.000
DISTRICT = 310114	0.679	0.10	6.52	0.000
DISTRICT = 310115	1.135	0.08	14.14	0.000
DISTRICT = 310116	0.219	0.11	2.01	0.044
DISTRICT = 310117	0.694	0.09	7.66	0.000
DISTRICT = 310118	0.490	0.09	5.44	0.000
DISTRICT = 310120	-0.006	0.12	-0.05	0.962

续表

解释变量	系数估计值	标准差	t统计量	伴随概率
DISTRICT = 330102	1.303	0.10	13.63	0.000
DISTRICT = 330103	1.283	0.10	13.37	0.000
DISTRICT = 330104	1.185	0.09	12.57	0.000
DISTRICT = 330105	1.199	0.11	11.10	0.000
DISTRICT = 330106	1.339	0.10	13.83	0.000
DISTRICT = 330108	1.079	0.25	4.24	0.000
DISTRICT = 330109	0.393	0.19	2.10	0.036
DISTRICT = 330110	0.498	0.11	4.71	0.000
DISTRICT = 330182	0.232	0.11	2.12	0.034
DISTRICT = 440303	1.305	0.08	16.17	0.000
DISTRICT = 440304	1.571	0.08	19.63	0.000
DISTRICT = 440305	1.327	0.08	16.13	0.000
DISTRICT = 440306	0.324	0.08	4.08	0.000
DISTRICT = 440307	0.244	0.08	3.06	0.002
DISTRICT = 440308	0.850	0.08	10.12	0.000
DISTRICT = 510104	0.711	0.11	6.50	0.000
DISTRICT = 510105	0.742	0.09	8.48	0.000
DISTRICT = 510106	0.653	0.08	7.73	0.000
DISTRICT = 510107	0.711	0.09	8.16	0.000
DISTRICT = 510108	0.467	0.10	4.68	0.000
DISTRICT = 510112	0.130	0.11	1.14	0.254
DISTRICT = 510113	-0.098	0.15	-0.67	0.506
DISTRICT = 510114	-0.230	0.12	-1.99	0.047
统计值			
调整后的 R^2	0.74	样本量（个）		4950

附录2
我国住房租赁市场发展的相关政策

住房租赁市场是房地产市场体系的重要组成部分,也是满足居民多元化住房需求的必要内容。"实行购租并举,培育和发展住房租赁市场,是深化住房制度改革的重要内容,是实现城镇居民住有所居目标的重要途径。"长期以来我国住房租赁市场发展的滞后一直是房地产市场健康发展的短板。2015年初以来,住房租赁市场的发展被提上重要议程。规范和发展住房租赁市场的中央和地方政策密集出台。

一 中央政策

2015年初以来,中央层面出台了一系列支持和鼓励住房租赁市场发展的政策文件,从发展目标、发展渠道,到具体的支持政策、管理条例和城市试点,住房租赁市场的发展被提到空前重要的位置。

2015年1月,住建部印发《关于加快培育和发展住房租赁市场的指导意见》(建房〔2015〕4号),总体要求是,"发挥市场在资源配置中的决定性作用和更好发挥政府作用,积极推进租赁服务平台建设,大力发展住房租赁经营机构,完善公共租赁住房制度,拓宽融资渠道,推动房地产开发企业转型升级,用3年时间,基本形成渠道多元、总量平衡、结构合理、服务规范、制度健全的住房租赁市场"。《意见》提出建立多种渠道发展租赁市场:一是建立住房租赁信息政府服务平台,二是积极培育经营住房租赁的机构,三是支持房地产开发企业将其持有房源向社会出租,四是积极推进房地产投资信托基金

(REITs）试点，五是支持从租赁市场筹集公共租赁房房源。

2015年1月，住建部、财政部、中国人民银行出台《关于放宽提取住房公积金支付房租条件的通知》（建金〔2015〕19号），明确租房提取条件，规范租房提取金额，简化租房提取要件，提高提取审核效率。

2015年11月，国务院办公厅出台《关于加快发展生活性服务业促进消费结构升级的指导意见》（国办发〔2015〕85号），提出"积极发展绿色饭店、主题饭店、客栈民宿、短期公寓、长租公寓、农家乐等满足广大人民群众消费需求的细分业态"，将客栈民宿、短期公寓、长租公寓定性为生活性服务业，按照生活性服务业的政策给予支持。

2016年2月，国务院出台《关于深入推进新型城镇化建设的若干意见》（国发〔2016〕8号），在完善城镇住房制度部分明确提出"加快发展专业化住房租赁市场"。具体内容为："通过实施土地、规划、金融、税收等相关支持政策，培育专业化市场主体，引导企业投资购房用于租赁经营，支持房地产企业调整资产配置持有住房用于租赁经营，引导住房租赁企业和房地产开发企业经营新建租赁住房。支持专业企业、物业服务企业等通过租赁或购买社会闲置住房开展租赁经营，落实鼓励居民出租住房的税收优惠政策，激活存量住房租赁市场。鼓励商业银行开发适合住房租赁业务发展需要的信贷产品，在风险可控、商业可持续的原则下，对购买商品住房开展租赁业务的企业提供购房信贷支持。"

2016年6月，国务院办公厅出台《关于加快培育和发展住房租赁市场的若干意见》（国办发〔2016〕39号），这是指导住房租赁市场发展的纲领性文件。它对住房租赁市场发展的总体要求是"以建立购租并举的住房制度为主要方向，健全以市场配置为主、政府提供基本保障的住房租赁体系。支持住房租赁消费，促进住房租赁市场健康发展……到 2020 年，基本形成供应主体多元、经营服务规范、租赁关系稳定的住房租赁市场体系，基本形成保基本、促公平、可持续的公共租赁住房保障体系，基本形成市场规则明晰、政府监管有力、权益保障充分的住房租赁法规制度体系，推动实现城镇居民住有所居的目标。"文件从培育市场供应主体、鼓励住房租赁消费、完善公共租赁住房、支持租赁住房建设、加大政策支持力度、加强住房租赁监管六个方面提出培育和发展住房租赁市场的相关意见（具体内容见附件）。

2016 年 12 月，中央经济工作会议提出，"要加快住房租赁市场立法，加快机构化、规模化租赁企业发展"；中央财经领导小组会议提出，"规范住房租赁市场和抑制房地产泡沫。要准确把握住房的居住属性，以满足新市民住房需求为主要出发点，以建立购租并举的住房制度为主要方向，以市场为主满足多层次需求，以政府为主提供基本保障，分类调控，地方为主，金融、财税、土地、市场监管等多策并举，让全体人民住有所居"。

2017 年 5 月，住建部公布《住房租赁和销售管理条例（征求意见稿）》，从出租住房合同签订、出租人与承租人的权利和义务、出租住房标准、出租住房备案管理等方面对住房租赁市场的发展进行了规范。

2017 年 7 月，住建部等九部门联合出台了《关于在人口净流入的大中城市加快发展住房租赁市场的通知》（建房〔2017〕153 号），并选取了广州、深圳、南京、杭州、厦门、武汉、成都、沈阳、合肥、郑州、佛山、肇庆等 12 个城市首批开展住房租赁试点。《通知》提出多措并举加快发展住房租赁市场，包括：培育机构化、规模化住房租赁企业，建设政府住房租赁交易服务平台，增加租赁住房有效供应，创新住房租赁管理和服务体制。

2017年8月，国土部、住建部联合发布《利用集体建设用地建设租赁住房试点方案》，确定第一批在北京、上海、沈阳、南京、杭州、合肥、厦门、郑州、武汉、广州、佛山、肇庆、成都等13个城市开展利用集体建设用地建设租赁住房试点，完善利用集体建设用地建设租赁住房规则，形成一批可复制、可推广的改革成果，为构建城乡统一的建设用地市场提供支撑。

二 地方政策

在中央政策的指导下，绝大多数省（自治区、直辖市）人民政府或主管部门出台专门的加快培育和发展住房租赁市场的实施意见，多个城市出台发展住房租赁市场工作实施方案，内容集中在大力发展租赁企业、增加租赁住房供应、建立统一的租赁监管平台、逐步推进"租购同权"等方面。各省份出台的政策文件以落实国办发〔2016〕39号文为主，城市层面出台的政策文件则结合地方特点，各有特色（见表A2-1）。

表A2-1 多个省（份）市出台的加快培育和发展
住房租赁市场的政策文件

时间	省（份）市	文件名称	主要内容
2016年8月10日	甘肃省	《甘肃省人民政府办公厅关于加快培育和发展住房租赁市场的实施意见》（甘政办发〔2016〕121号）	积极培育市场供应主体，增加租赁住房有效供给，鼓励住房租赁消费，完善公共租赁住房制度，加强住房租赁监管
2016年8月29日	海南省	《海南省人民政府办公厅关于印发海南省加快培育和发展住房租赁市场实施办法的通知》（琼府办〔2016〕214号）	培育市场供应主体，增加租赁住房供应，鼓励住房租赁消费，完善公共租赁住房，加大政策支持力度，加强租赁市场监管

附录2 我国住房租赁市场发展的相关政策

续表

时间	省(份)市	文件名称	主要内容
2016年9月9日	河北省	《河北省人民政府办公厅关于加快培育和发展住房租赁市场的实施意见》（冀政办字〔2016〕140号）	积极培育市场主体，加大政策支持力度，加强住房租赁监管
2016年9月19日	辽宁省	《辽宁省人民政府办公厅关于进一步深化住房制度改革加快培育和发展住房租赁市场的实施意见》（辽政办发〔2016〕103号）	进一步深化住房制度改革，培育住房租赁市场经营主体，增加租赁住房有效供应，推动住房租赁市场健康发展
2016年10月21日	四川省	《四川省人民政府办公厅关于加快培育和发展住房租赁市场的实施意见》（川办发〔2016〕82号）	培育市场供应主体，鼓励住房租赁消费，完善公共租赁住房，支持租赁住房建设，加强住房租赁市场监管
2016年11月3日	安徽省	《安徽省人民政府办公厅关于加快培育和发展住房租赁市场的通知》（皖政办〔2016〕63号）	培育租赁机构，鼓励租赁消费，加强市场监管，规范中介服务，强化组织领导
2016年11月7日	江西省	《江西省人民政府办公厅关于加快培育和发展住房租赁市场的实施意见》（赣府厅发〔2016〕72号）	提供政策支持，加强市场监管
2016年11月8日	宁夏回族自治区	《自治区人民政府关于加快培育和发展全区住房租赁市场的实施意见》（宁政发〔2016〕184号）	积极培育市场供应主体，鼓励住房租赁消费，创新公共租赁住房供应模式，加强住房租赁市场监管
2016年11月16日	吉林省	《吉林省人民政府办公厅关于加快培育和发展住房租赁市场的实施意见》（吉政办发〔2016〕77号）	加大政策支持力度，培育市场供应主体；拓展租赁住房供给渠道，扩大住房保障范围；规范住房租赁管理，优化住房租赁市场环境；加强组织领导，完善行业管理
2016年11月29日	福建省	《福建省人民政府办公厅关于加快培育和发展住房租赁市场的实施意见》（闽政办〔2016〕182号）	加快培育住房租赁市场供应主体，鼓励住房租赁消费，支持租赁住房建设，加大政策支持力度，加强住房租赁监管

续表

时间	省（份）市	文件名称	主要内容
2016年12月5日	山西省	《山西省人民政府办公厅关于加快培育和发展住房租赁市场的实施意见》（晋政办发〔2016〕166号）	培育供应主体，拓宽供给渠道；健全法规制度，完善支持政策；加强组织领导，落实工作责任
2016年12月19日	新疆维吾尔自治区	《关于加快培育和发展自治区住房租赁市场的实施意见》（新政办发〔2016〕179号）	完善租赁住房供应，鼓励住房租赁消费，加强租赁市场监管，加强工作落实
2016年12月20日	湖南省	《湖南省人民政府办公厅关于加快培育和发展住房租赁市场的实施意见》（湘政办发〔2016〕99号）	建立购租并举的住房制度，鼓励开发新建租赁住房，支持库存商品住房用于租赁住房，规范个人自有住房进入租赁市场，支持创建住房租赁企业品牌，允许改建房屋用于租赁，引导居民通过租房解决居住需求，充分发挥住房公积金作用，加强住房租赁市场监管，落实地方政府主体责任
2016年12月23日	陕西省	《陕西省人民政府办公厅关于加快培育和发展住房租赁市场的实施意见》（陕政办发〔2016〕112号）	培育市场供应主体，鼓励住房租赁消费，完善公共租赁住房，支持租赁住房建设，加大政策支持力度，加强住房租赁市场监管
2016年12月29日	河南省	《河南省人民政府关于完善住房供应体系加快发展住房租赁市场的若干意见》（豫政〔2016〕85号）	培育市场供应主体，增加住房租赁市场供应，完善公共租赁住房制度，加大政策支持力度，完善住房租赁管理体制
2017年1月12日	内蒙古自治区	《内蒙古自治区人民政府办公厅关于加快培育和发展住房租赁市场的实施意见》（内政办发〔2017〕4号）	培育市场供应主体，鼓励住房租赁消费，增加租赁住房供给，完善公共租赁住房管理，加大政策支持力度，落实责任
2017年1月23日	广东省	《广东省人民政府办公厅关于加快培育和发展住房租赁市场的实施意见》（粤府办〔2017〕7号）	培育市场供应主体，鼓励住房租赁消费，完善公共租赁住房，支持租赁住房建设，加大政策支持力度，加强住房租赁监管

附录2 我国住房租赁市场发展的相关政策

续表

时间	省(份)市	文件名称	主要内容
2017年1月24日	贵州省	《省人民政府办公厅关于加快培育和发展住房租赁市场的通知》(黔府办函〔2017〕5号)	培育市场供应主体,鼓励住房租赁消费,完善公共租赁住房,支持租赁住房建设,加大政策支持力度,加强住房租赁监管
2017年1月27日	广西壮族自治区	《广西壮族自治区人民政府办公厅关于加快培育和发展住房租赁市场的实施意见》(桂政办发〔2017〕19号)	培育市场供应主体,完善租赁住房供给,鼓励住房租赁消费,加大政策支持力度,加强住房租赁监管
2017年2月7日	云南省	《云南省人民政府办公厅关于加快培育和发展住房租赁市场的实施意见》(云政办发〔2017〕10号)	培育市场供应主体,完善支持政策,加强住房租赁监管
2017年3月20日	湖北省	《省人民政府办公厅关于加快培育和发展住房租赁市场的实施意见》(鄂政办发〔2017〕18号)	培育市场供应主体,鼓励住房租赁消费,支持租赁住房建设,加大政策支持力度,加强租赁市场监管
2017年3月25日	青海省	《青海省人民政府办公厅关于加快培育和发展住房租赁市场的实施意见》(青政办〔2017〕48号)	培育住房租赁市场供应主体,增加住房租赁市场供应,完善公共租赁住房,加大政策支持力度,加强住房租赁市场监管
2017年5月18日	江苏省	《省住房城乡建设厅关于开展培育和发展住房租赁市场试点工作的通知》(苏建房管〔2017〕232号)	制订试点工作方案,鼓励专业化规模化住房租赁,推进公租房保障货币化,建立住房租赁信息服务与监管平台,总结推广经验做法
2017年6月21日	天津市	《天津市人民政府办公厅关于培育和发展我市住房租赁市场的实施意见》(津政办发〔2017〕87号)	培育市场供应主体,增加租赁住房有效供给,鼓励住房租赁消费,加大住房租赁政策支持力度,加强住房租赁监管
2017年6月28日	黑龙江省	《关于印发〈黑龙江省加快培育和发展住房租赁市场实施意见〉的通知》(黑建规范〔2017〕3号)	培育市场供应主体,鼓励住房租赁消费,完善公共租赁住房体系建设,支持租赁住房建设,加强住房租赁监管

155

续表

时间	省（份）市	文件名称	主要内容
2017年6月30日	广州市	《广州市人民政府办公厅关于印发广州市加快发展住房租赁市场工作方案的通知》（穗府办〔2017〕29号）	保障租赁双方权益，支持租赁居住方式；增加租赁住房供应，满足新增住房需求；壮大现代租赁产业，形成新的经济增长极
2017年7月20日	沈阳市	《沈阳市人民政府办公厅关于印发沈阳市住房租赁试点工作方案的通知》（沈政办发〔2017〕53号）	建立政府住房租赁交易服务平台，组建国有住房租赁平台公司，促进房地产开发企业拓展住房租赁业务，规范住房租赁中介机构，支持和规范个人出租住房，鼓励新建租赁住房，盘活存量土地、房屋用于住房租赁，优化公租房管理，稳定住房租赁关系，积极推进购租同权，给予税收优惠，鼓励住房租赁消费，完善住房租赁企业退出机制，强化基层住房租赁管理，创新住房租赁管理和服务体制，拓宽房地产经营租赁机构融资渠道，建立健全住房租赁管理法规体系
2017年7月21日	佛山市	《佛山市开展全国租赁试点加快培育和发展住房租赁市场实施方案》（佛府办〔2017〕440号）	培育机构化、规模化住房租赁企业，建设政府住房租赁交易服务平台，探索增加租赁住房供应的有效途径，创新住房租赁管理和服务体制，规范城中村住房租赁，鼓励住房消费，完善住房租赁支持政策，提供金融支持，加强行业管理
2017年8月3日	成都市	《成都市人民政府办公厅关于印发成都市开展住房租赁试点工作实施方案的通知》（成办发〔2017〕21号）	培育机构化、规模化住房租赁企业，建立健全政府住房租赁交易服务平台，多渠道增加租赁房源，鼓励住房租赁消费，创新住房租赁综合管理和服务体系，加强住房租赁市场监管

附录2 我国住房租赁市场发展的相关政策

续表

时间	省(份)市	文件名称	主要内容
2017年8月18日	郑州市	《郑州市人民政府办公厅关于印发郑州市培育和发展住房租赁市场试点工作实施方案的通知》（郑政办文〔2017〕43号）	加快培育住房租赁市场供应主体，有效增加租赁住房供应，着力搭建住房租赁信息化管理平台，建立完善住房租赁管理和服务机制，研究落实发展住房租赁市场政策支持
2017年8月18日	南京市	《市政府办公厅关于印发南京市住房租赁试点工作方案的通知》（宁政办发〔2017〕152号）	培育租赁市场主体，建设住房租赁服务监管平台，拓宽租赁住房筹集渠道，加强住房租赁市场监管，加大政策支持力度
2017年8月30日	杭州市	《杭州市人民政府办公厅关于印发杭州市加快培育和发展住房租赁市场试点工作方案的通知》（杭政办〔2017〕4号）	增加租赁住房供应，培育住房租赁市场供应主体，鼓励住房租赁消费，加大政策支持力度，加强住房租赁市场监管
2017年9月1日	武汉市	《市人民政府关于开展培育和发展住房租赁市场试点工作的实施意见》（武政规〔2017〕39号）	培育住房租赁市场供应主体，建设政府住房租赁交易服务平台，多渠道增加租赁住房供应，完善公租房保障机制，加大住房租赁政策支持力度，加强住房租赁管理和服务
2017年9月8日	肇庆市	《肇庆市人民政府关于印发肇庆市住房租赁试点工作实施方案的通知》（肇府函〔2017〕457号）	培育多样化市场供应主体，探索多渠道租赁住房供应，支持多元化住房租赁消费，加强多方面住房租赁监管
2017年9月15日	上海市	《上海市人民政府办公厅印发〈关于加快培育和发展本市住房租赁市场的实施意见〉的通知》（沪府办〔2017〕49号）	保障租赁当事人权益，构建超大城市租赁宜居生活；建立住房租赁平台，提供线上线下同步服务；加大租赁住房供应，实现住有所居目标；培育租赁市场供应主体，发展壮大住房租赁产业；加强住房租赁监管，规范住房租赁市场秩序

157

续表

时间	省（份）市	文件名称	主要内容
2017年9月20日	江门市	《江门市人民政府办公室关于印发〈江门市加快培育和发展住房租赁市场工作实施方案〉的通知》（江府办〔2017〕40号）	培育市场供应主体，鼓励住房租赁消费，完善公共租赁住房，支持租赁住房建设，加大政策支持力度，加强住房租赁监管
2017年9月20日	中山市	《中山市人民政府办公室关于印发〈中山市加快培育和发展住房租赁市场实施方案〉的通知》（中府办〔2017〕38号）	培育市场供应主体，鼓励住房租赁消费，完善公共租赁住房，支持租赁住房建设，加大政策支持力度，加强住房租赁监管
2017年9月29日	北京市	《关于加快发展和规范管理本市住房租赁市场的通知》（京建法〔2017〕21号）	强化住房租赁管理服务，增加租赁住房供应；建立住房租赁监管平台，提供便捷公共服务；明确住房租赁行为规范，维护当事人合法权益；加强市场主体监管，提升住房租赁服务水平
2017年10月17日	深圳市	《深圳市人民政府办公厅关于加快培育和发展住房租赁市场的实施意见》（深府办规〔2017〕6号）	培育住房租赁市场供应主体，完善公共租赁住房管理，加大租赁住房建设和供应力度，完善住房租赁立法和支持政策，加强住房租赁市场监管
2017年10月22日	山东省	《山东省人民政府办公厅关于加快培育和发展住房租赁市场的实施意见》（鲁政办发〔2017〕73号）	培育市场供应主体，鼓励住房租赁消费，完善公共租赁住房，多渠道增加租赁住房，加大政策支持力度，强化住房租赁监管
2017年10月31日	合肥市	《合肥市人民政府办公厅关于加快推进合肥市住房租赁试点工作的通知》（合政办秘〔2017〕175号）	培育市场供应主体，增加租赁住房供应，构建住房租赁服务和监管体系，加大政策支持力度，保障住房承租人权益
2017年11月15日	浙江省	《关于开展省级住房租赁市场培育试点工作的通知》（建房发〔2017〕375号）	摸清市场供需底数，开展房屋租赁需求、供给两方面的摸底调查；增加租赁住房供给；培育市场供应主体；鼓励住房租赁消费；加大政策支持力度；加强住房租赁市场监管和服务；研究搭建住房租赁交易服务平台；完善住房租赁规章制度；鼓励扩大试点范围

附录2 我国住房租赁市场发展的相关政策

续表

时间	省（份）市	文件名称	主要内容
2017年12月18日	宜昌市	《关于印发〈宜昌市加快培育和发展住房租赁市场建立租购并举住房制度的实施方案（试行）〉的通知》（宜府办发〔2017〕91号）	培育多元化市场供应主体，完善住房租赁交易管理，拓宽租赁住房筹集渠道，鼓励住房租赁消费，加强出租房屋的管理
2017年12月19日	大连市	《大连市人民政府办公厅关于加快培育和发展住房租赁市场的实施意见》（大政办发〔2017〕156号）	培育租赁市场供应主体，发展壮大住房租赁企业；加大租赁住房供应，实现住有所居目标；加大政策支持力度，鼓励住房租赁消费；加强政策制度建设，规范租赁市场秩序
2017年12月29日	襄阳市	《市人民政府办公室关于印发〈襄阳市加快培育和发展住房租赁市场责任分工方案〉的通知》	培育发展租赁市场供应主体，支持租赁居住方式，增加租赁住房供应，加强住房租赁市场监管
2018年1月15日	包头市	《包头市人民政府办公厅关于印发包头市加快培育和发展住房租赁市场实施方案的通知》	培育市场供应主体，鼓励住房租赁消费，规范租赁市场管理，完善公共租赁住房保障
2018年3月9日	乐山市	《乐山市人民政府办公室关于加快培育和发展住房租赁市场的实施意见》	培育市场供应主体，建立健全政府住房租赁交易服务平台，增加租赁住房供应，鼓励住房租赁消费，完善公共租赁住房
2018年3月27日	桂林市	《桂林市人民政府关于加快培育和发展住房租赁市场的实施意见》（市政规〔2018〕4号）	培育市场供应主体，完善租赁住房供给，鼓励住房租赁消费，完善住房租赁管理制度，加大政策支持力度，加强住房租赁监管
2018年4月10日	厦门市	《厦门市国土资源与房产管理局等10个部门关于印发〈关于加强培育和发展住房租赁市场的若干意见〉的通知》（厦国土房〔2018〕168号）	多渠道增加租赁住房供应，积极盘活存量房屋用于租赁，完善住房租赁公共服务，加大住房租赁财税支持力度，加大住房租赁金融支持力度

续表

时间	省（份）市	文件名称	主要内容
2018年5月12日	西宁市	《西宁市人民政府办公厅关于印发西宁市培育和发展住房租赁市场实施方案的通知》（宁政办〔2018〕73号）	培育多元化的住房租赁市场供应主体，增加住房租赁市场供应，完善公共租赁住房保障制度，加大政策支持力度，提供公共便民服务，加强住房租赁市场监管
2018年5月28日	温州市	《温州市人民政府办公室关于印发温州市加快培育和发展住房租赁市场试点工作方案的通知》（温政办〔2018〕54号）	培育住房租赁市场供应主体，增加租赁住房供应，鼓励住房租赁消费，加大政策支持力度，加强租赁市场监管
2018年5月29日	青岛市	《关于加快培育和发展住房租赁市场的实施意见》（青政办发〔2018〕11号）	培育住房租赁市场供应主体，多渠道增加租赁住房，强化住房租赁监管，加大政策支持力度
2018年6月8日	洛阳市	《洛阳市人民政府办公室关于印发洛阳市加快培育和发展住房租赁市场工作实施方案的通知》（洛政办〔2018〕47号）	培育住房租赁市场供应主体，有效增加租赁住房供应，着力搭建住房租赁信息化管理服务平台，建立完善住房租赁联合管理服务机制，落实发展住房租赁市场政策支持
2018年6月21日	山西省	《山西省人民政府办公厅关于印发山西省发展住房租赁市场实施方案的通知》（晋政办发〔2018〕57号）	培育多元化租赁住房供应主体，多渠道筹集租赁房源，完善住房租赁管理政策措施，提高住房租赁市场监管和服务水平
2018年7月6日	东营市	《东营市人民政府办公室关于加快培育和发展住房租赁市场的实施意见》（东政办发〔2018〕15号）	培育市场供应主体，多渠道筹集租赁房源，鼓励住房租赁消费，加大政策支持力度，构建住房租赁服务和监管体系
2018年7月9日	义乌市	《关于印发义乌市加快培育和发展住房租赁试点工作方案的通知》（义政办发〔2018〕65号）	摸清市场供需底数，编制发展规划；拓宽租赁住房筹集渠道，增加房源供应；培育租赁市场主体，开展专业化经营；加强租赁市场监管，完善管理体制机制；加大政策支持力度，提升群众认可度；利用住房租赁监管服务平台，开展信息化管理

附录2 我国住房租赁市场发展的相关政策

续表

时间	省(份)市	文件名称	主要内容
2018年7月9日	枣庄市	《枣庄市人民政府办公室关于加快培育和发展住房租赁市场的实施意见》(枣政办发〔2018〕18号)	培育市场供应主体，完善公共租赁住房保障，多渠道增加租赁住房，落实政策支持，加强住房租赁监管
2018年8月2日	临沂市	《临沂市人民政府办公室关于加快培育和发展住房租赁市场的实施意见》(临政办发〔2018〕18号)	积极培育租赁市场主体，多渠道增加租赁住房，加大政策支持力度，强化住房租赁监管
2018年8月2日	菏泽市	《菏泽市人民政府办公室关于加快培育和发展住房租赁市场的实施意见》(菏政办发〔2018〕23号)	培育市场供应主体，鼓励住房租赁消费，完善公共租赁住房，多渠道增加租赁住房，加大政策支持力度
2018年8月20日	太原市	《太原市人民政府办公厅关于印发太原市发展住房租赁市场实施方案的通知》	培育多元化租赁住房供应主体，多渠道筹集租赁房源，完善住房租赁管理政策措施，提高住房租赁市场监管和服务水平
2018年8月23日	苏州市	《市政府关于印发加快培育和发展住房租赁市场的意见的通知》(苏府〔2018〕89号)	培育租赁市场供应主体，加大租赁住房的建设和供应，建立政府信息服务与监管平台，鼓励个人住房租赁消费，加大住房租赁政策支持力度，加快推进人才乐居工程建设，强化住房租赁管理和服务
2018年9月1日	长沙市	《长沙市人民政府办公厅关于印发加快发展住房租赁市场工作实施方案的通知》(长政办发〔2018〕38号)	培育两个市场——租赁住房供给市场和消费市场；畅通两个渠道——扩大租赁住房增量、盘活存量房屋；完善一套执行体系

截至2018年9月，30余个城市专门出台了发展住房租赁市场的具体实施方案。部分城市在住房发展规划和住宅用地供应计划以及住房租赁工作方案中明确提出租赁住房供给规划。如《上海市住房发展"十三五"规划》中明确，2016~2020年新增供应各类住房12750万平方米、约170万套，其中市场化住房8250万平方米、约115万套，

包括商品住房4000万平方米、约45万套和租赁住房4250万平方米、约70万套，租赁住房供应套数占新增市场化住房总套数的比例超过60%；《北京市2017~2021年及2017年度住宅用地供应计划》中明确，今后五年全市住房建设计划安排150万套，其中租赁住房50万套；《广州市2017~2021年住宅用地供应计划》中明确，今后五年全市住房建设计划安排75万套，其中普通商品住宅60万套、租赁住房15万套；**深圳市**提出，"十三五"期间，通过收购、租赁、改建等方式收储不低于100万套（间）村民自建房或村集体自有物业；**杭州市**提出，未来3年（2018~2020年），新增租赁住房总量占新增商品住房总量的30%；**郑州市**提出，到2020年，新建、配建租赁住房3.8万套；**长沙市**提出，2018~2022年，全市每年应建设不少于50万平方米、1万套以上各类租赁住房；**沈阳市**提出，到2020年，新建租赁住房2万套，建筑面积100万平方米以上；**合肥市**提出，到2020年，筹集各类集中式租赁住房约16万套，其中，市、区两级国有房屋租赁公司共筹集约4万套，人才公寓1万套，房地产开发企业建设自持租赁住房2万套，市区公共租赁住房保有量不少于9万套；**义乌市**提出，确保2018~2022年新增租赁住房总量占新增商品住房总量的比例不低于10%；**厦门市**提出，围绕产业发展方向、功能布局、总体规模，力争在2018年底前在各园区内及周边建设配套不少于10万平方米、2000间租赁公寓；**浙江省**提出，各试点市、县人民政府要根据租赁市场需求、房价水平、人口流入量、经济发展等因素，研究确定2018~2022年新增租赁住房总量占新增商品住房总量的最低比例要求，城市不得低于20%，县城不得低于10%；**山西省**提出，各设区城市根据住房需求结构等情况发展住房租赁市场，争取用3~5年时间，租赁住房占新增（改造）住房供应量的比例提高到50%左右。

附 件

国务院办公厅关于加快培育和发展
住房租赁市场的若干意见

国办发〔2016〕39号

各省、自治区、直辖市人民政府，国务院各部委、各直属机构：

实行购租并举，培育和发展住房租赁市场，是深化住房制度改革的重要内容，是实现城镇居民住有所居目标的重要途径。改革开放以来，我国住房租赁市场不断发展，对加快改善城镇居民住房条件、推动新型城镇化进程等发挥了重要作用，但市场供应主体发育不充分、市场秩序不规范、法规制度不完善等问题仍较为突出。为加快培育和发展住房租赁市场，经国务院同意，现提出以下意见。

一 总体要求

（一）指导思想。全面贯彻党的十八大和十八届三中、四中、五中全会以及中央城镇化工作会议、中央城市工作会议精神，认真落实国务院决策部署，按照"五位一体"总体布局和"四个全面"战略布局，牢固树立和贯彻落实创新、协调、绿色、开放、共享的发展理念，以建立购租并举的住房制度为主要方向，健全以市场配置为主、政府提供基本保障的住房租赁体系。支持住房租赁消费，促进住房租赁市场健康发展。

（二）发展目标。到2020年，基本形成供应主体多元、经营服务规范、租赁关系稳定的住房租赁市场体系，基本形成保基本、促公平、可持续的公共租赁住房保障体系，基本形成市场规则明晰、政府监管有力、权益保障充分的住房租赁法规制度体系，推动实现城镇居民住有所居的目标。

二 培育市场供应主体

（三）发展住房租赁企业。充分发挥市场作用，调动企业积极性，通过租赁、购买等方式多渠道筹集房源，提高住房租赁企业规模化、集约化、专业化水平，形成大、中、小住房租赁企业协同发展的格局，满足不断增长的住房租赁需求。按照《国务院办公厅关于加快发展生活性服务业促进消费结构升级的指导意见》（国办发〔2015〕85号）有关规定，住房租赁企业享受生活性服务业的相关支持政策。

（四）鼓励房地产开发企业开展住房租赁业务。支持房地产开发企业拓展业务范围，利用已建成住房或新建住房开展租赁业务；鼓励房地产开发企业出租库存商品住房；引导房地产开发企业与住房租赁企业合作，发展租赁地产。

（五）规范住房租赁中介机构。充分发挥中介机构作用，提供规范的居间服务。努力提高中介服务质量，不断提升从业人员素质，促进中介机构依法经营、诚实守信、公平交易。

（六）支持和规范个人出租住房。落实鼓励个人出租住房的优惠政策，鼓励个人依法出租自有住房。规范个人出租住房行为，支持个人委托住房租赁企业和中介机构出租住房。

三 鼓励住房租赁消费

（七）完善住房租赁支持政策。各地要制定支持住房租赁消费的优惠政策措施，引导城镇居民通过租房解决居住问题。落实提取住房公积金支付房租政策，简化办理手续。非本地户籍承租人可按照《居住证暂行条例》等有关规定申领居住证，享受义务教育、医疗等国家规定的基本公共服务。

（八）明确各方权利义务。出租人应当按照相关法律法规和合同约定履行义务，保证住房和室内设施符合要求。住房租赁合同期限内，出租人无正当理由不得解除合同，不得单方面提高租金，不得随意克扣押金；承租人应当按照合同约定使用住房和室内设施，并按时缴纳租金。

四　完善公共租赁住房

（九）推进公租房货币化。转变公租房保障方式，实物保障与租赁补贴并举。支持公租房保障对象通过市场租房，政府对符合条件的家庭给予租赁补贴。完善租赁补贴制度，结合市场租金水平和保障对象实际情况，合理确定租赁补贴标准。

（十）提高公租房运营保障能力。鼓励地方政府采取购买服务或政府和社会资本合作（PPP）模式，将现有政府投资和管理的公租房交由专业化、社会化企业运营管理，不断提高管理和服务水平。在城镇稳定就业的外来务工人员、新就业大学生和青年医生、青年教师等专业技术人员，凡符合当地城镇居民公租房准入条件的，应纳入公租房保障范围。

五　支持租赁住房建设

（十一）鼓励新建租赁住房。各地应结合住房供需状况等因素，将新建租赁住房纳入住房发展规划，合理确定租赁住房建设规模，并在年度住房建设计划和住房用地供应计划中予以安排，引导土地、资金等资源合理配置，有序开展租赁住房建设。

（十二）允许改建房屋用于租赁。允许将商业用房等按规定改建为租赁住房，土地使用年限和容积率不变，土地用途调整为居住用地，调整后用水、用电、用气价格应当按照居民标准执行。允许将现有住房按照国家和地方的住宅设计规范改造后出租，改造中不得改变原有防火分区、安全疏散和防火分隔设施，必须确保消防设施完好有效。

六 加大政策支持力度

（十三）给予税收优惠。对依法登记备案的住房租赁企业、机构和个人，给予税收优惠政策支持。落实营改增关于住房租赁的有关政策，对个人出租住房的，由按照5%的征收率减按1.5%计算缴纳增值税；对个人出租住房月收入不超过3万元的，2017年底之前可按规定享受免征增值税政策；对房地产中介机构提供住房租赁经纪代理服务，适用6%的增值税税率；对一般纳税人出租在实施营改增试点前取得的不动产，允许选择适用简易计税办法，按照5%的征收率计算缴纳增值税。对个人出租住房所得，减半征收个人所得税；对个人承租住房的租金支出，结合个人所得税改革，统筹研究有关费用扣除问题。

（十四）提供金融支持。鼓励金融机构按照依法合规、风险可控、商业可持续的原则，向住房租赁企业提供金融支持。支持符合条件的住房租赁企业发行债券、不动产证券化产品。稳步推进房地产投资信托基金（REITs）试点。

（十五）完善供地方式。鼓励地方政府盘活城区存量土地，采用多种方式增加租赁住房用地有效供应。新建租赁住房项目用地以招标、拍卖、挂牌方式出让的，出让方案和合同中应明确规定持有出租的年限。

七 加强住房租赁监管

（十六）健全法规制度。完善住房租赁法律法规，明确当事人的权利义务，规范市场行为，稳定租赁关系。推行住房租赁合同示范文本和合同网上签约，落实住房租赁合同登记备案制度。

（十七）落实地方责任。省级人民政府要加强本地区住房租赁市场管理，加强工作指导，研究解决重点难点问题。城市人民政府对本行政区域内的住房租赁市场管理负总责，要建立多部门联合监管体制，明确职责分工，充分发挥街道、乡镇等基层组织作用，推行住房租赁网格化管理。加快建设住房租赁信息服务与监管平台，推进部门间信息共享。

（十八）加强行业管理。住房城乡建设部门负责住房租赁市场管理和相关协调工作，要会同有关部门加强住房租赁市场监管，完善住房租赁企业、中介机构和从业人员信用管理制度，全面建立相关市场主体信用记录，纳入全国信用信息共享平台，对严重失信主体实施联合惩戒。公安部门要加强出租住房治安管理和住房租赁当事人居住登记，督促指导居民委员会、村民委员会、物业服务企业以及其他管理单位排查安全隐患。各有关部门要按照职责分工，依法查处利用出租住房从事违法经营活动。

各地区、各有关部门要充分认识加快培育和发展住房租赁市场的重要意义，加强组织领导，健全工作机制，做好宣传引导，营造良好环境。各地区要根据本意见，研究制定具体实施办法，落实工作责任，确保各项工作有序推进。住房城乡建设部要会同有关部门对本意见落实情况进行督促检查。

国务院办公厅

2016 年 5 月 17 日

（此件公开发布）

附录3
我国长租公寓行业长远发展的关键在金融端

在租购并举的住房制度建设过程中，在我国一直以来处于短板的租赁市场近几年被提到空前高位。特别是自国办发〔2016〕39号文（《关于加快培育和发展住房租赁市场的若干意见》）出台以来，机构化、规模化租赁企业快速发展，长租公寓成为住房租赁市场中突起的一个领域。但该领域在短时间内的快速发展也产生了诸多问题，需要厘清问题表现与根本性制约因素所在，有针对性地给予解决。

一 长租公寓的供给与运营结构现状

我国住房租赁市场仍以个人零散出租（C2C模式）为主，品牌连锁公寓的渗透率较低。根据贝壳研究院对全国10个重点城市租赁住房供给结构的调查统计，个人普通租赁住房占64%，城中村租赁住房占27%，机构化租赁住房占比不足10%，其中集中式品牌公寓的占比更是仅有1%。[①] 而在美国和德国租赁住房供给中，机构持有房源的比例均超过30%。可见，我国长租公寓的发展尚处于起步阶段，未来发展前景可期。

我国目前涉足长租公寓的运营商以创业企业、房地产企业、房地产中介、酒店运营商为主。按照房源的组织形式，长租公寓总体上可分为两大类型：集中式公寓和分散式公寓。集中式公寓多为持有型，

---

① 贝壳研究院、21世纪产业研究院：《2018年中国住房租赁白皮书》，2018年7月。

以房地产企业为主体,如万科地产的泊寓、碧桂园的BIG+碧家国际社区、保利地产的N+公寓、龙湖地产的冠寓、华润集团的有巢公寓、远洋地产的邦舍。据统计[①],我国排名前30位的房地产企业中,已有2/3以上在这一领域有所布局。分散式长租公寓多以托管型为主,以创业企业和房地产中介为运营主体,除了早期创业的魔方公寓和V领地为集中持有型外,其余多为托管型。其中,链家集团的自如公寓、我爱我家的相寓,在分散式公寓中占据主导,蛋壳公寓属于创业企业中长租公寓管理数量最多的机构,且以"用互联网方式改造传统的住房租赁行业"为目标得到迅猛发展。

二 长租公寓发展过程中表现出的运营管理问题

专业化、机构化运营的长租公寓为租房需求者提供了相对稳定的房源,而且,运营商租前、租中、租后管理,改造了大量毛坯房和"老破小"住房,在有效盘活住房存量资源、提升租赁住房质量、更好地满足居民多元化的住房需求方面发挥了重要作用。但长租公寓行业短时间内的快速扩张也带来了诸多问题,给市场带来很多负面影响。根据贝壳研究院的统计,目前已出现第一批倒闭的长租公寓企业,其主要原因有资金链断裂、消防不合规、产权法律风险等,长租公寓的关店率达到3.6%。总体上来看,长租公寓在运营过程中表现出的问题可归纳为三个方面。

一是企业自身经营管理问题。面对长租公寓市场的巨大蓝海,各类企业蜂拥而上。但由于长租公寓行业仍处于抢占市场份额阶段,进入的企业经营管理能力参差不齐,因此出现了很多运营管理问题。如有的运营商以明显高于市场价的价格抢占房源问题,有的运营商为缩

---

① 王昌盛、张家春:《长租公寓发展模式分析》,《上海房地》2018年第12期。

减成本而出现的装修问题。与国外相比，我国长租公寓企业在管理服务方面还有较大的提升空间，需关注市场在前期发展过程中部分企业的无序扩张问题。

二是监管政策跟不上的问题。在长租公寓发展过程中，一度出现的"爆仓"问题对市场造成很大扰动，主要表现在分散式长租公寓的运营商身上。一些长租公寓的托管机构或中介机构联合网贷平台诱骗租客在签订合同时让租客使用"租金贷"这一分期信贷产品，这些机构一次性收取合同期内的全部租金，但由于对房东是按月度或季度支付，因此，部分资金被挪作其他投资使用。一旦投资失败，长租公寓的资金链就会断裂，房东和租客都会成为受害者，并且造成严重的社会问题。但目前监管部门对住房租赁信贷尚没有统一的管理规定，对网贷平台发放的"租金贷"的管理也存在空白。

三是税收政策不完善的问题。住房租赁行业长期没有明确的归业归属，造成对长租公寓企业的性质说法不一，与此同时带来的是纳税主体和税种的不明确。2015年11月，国务院办公厅发布的《关于加快发展生活性服务业促进消费结构升级的指导意见》首次把公寓业纳入生活服务业；国家税务总局发布的《关于在境外提供建筑服务等有关问题的公告》（2016年第69号）第五条规定："纳税人以长（短）租形式出租酒店式公寓并提供配套服务的，按照住宿服务缴纳增值税。"如果按照生活服务业，则长租公寓企业应缴纳6%的增值税；而如果按照不动产经营业务，则长租公寓企业应缴纳11%的增值税。此外，由于住房租赁登记备案制度的不完善导致个人出租住房不缴纳增值税、个人所得税等，无法给分散式长租公寓企业提供相应的发票进行税收抵扣，这也增加了企业的税收负担。

三　当前制约长租公寓发展的两大根本性因素

目前长租公寓在运营过程中表现出的企业自身经营管理、监管政策跟不上、税收政策不完善等问题只是表象，而制约当前长租公寓发展的根本性问题则在于我国住房租售比不合理的现状和金融产品的发展滞后。

（一）租售比偏低，未形成清晰的盈利模式

长期以来，我国住房市场一直存在租售比偏低的现象。国际上一般将合理的租售比界定为1∶100～1∶300，即合理的住房租金回报率为4%～12%。根据中国房价行情网的数据，2018年我国住宅租金回报率仅为2.78%，在统计的354个城市中，有301个城市的住宅租金回报率在4%以下，有32个城市的住宅租金回报率不足2%；上海、深圳、北京、广州四个一线城市的住宅租金回报率分别只有1.61%、1.67%、1.77%、1.85%。与传统的房地产开发销售相比，偏低的租金回报率使得房地产企业一直以来不愿做持有型物业。

由于长租公寓行业正处于发展的初级阶段，尚未形成规模经济，而在前期投入大回收周期长、利润率还较低等现实约束下，目前长租公寓尚未形成清晰的盈利模式。

（二）金融产品发展滞后，缺乏长期稳定的资金支持

长租公寓的前期投入较大、投资回报周期长，需要长期稳定的且对回报率要求相对较低的资金支持。而我国目前金融领域的一个普遍问题就是以短期资金为主，缺乏能够提供长期稳定资金的金融产品。虽然资本市场看好住房租赁市场未来的发展空间，但现阶段长租公寓行业既没有租金回报优势，又没有符合要求的金融产品的支持，这是制约行业高质量发展的一个重要因素。目前针对长租公寓行业发展的住房租赁信贷产品、资产证券化产品尚未形成规模和规范化发行，且主要应用于行业龙头，仍不足以为长租公寓长远发展提供长期稳定的资金支持。

四　长租公寓的长远发展需要金融创新的支持

随着行业的发展，长租公寓企业的管理水平将逐步提升，相应的监管政策和税收政策也将逐步完善。对于当前长租公寓发展面临的制约因素，金融创新是关键着力点，这也是事关长租公寓行业能否吸引到社会资本的长期进入，从而实现高质量发展的关键。而且，随着以长租公寓为引领的住房租赁市场的逐步发展和完善，我国目前"重买轻租"的住房消费倾向将逐步改变，当前住房租售比偏低的问题也将得到缓解。

（一）完善住房租赁信贷产品

住房租赁信贷产品可以通过"月付"的形式减轻租客的短期支出负担，而且能够为房东或长租公寓运营商提供流动性资金支持，是能够对接供求双方需求的金融产品。目前市场中存在的住房租赁信贷产品大致有三种类型。[①] 一是商业银行提供的住房租赁贷款。银行基于租客资信状况提供一定期限和额度的贷款，房东可一次性收取租期内的全部租金，租客按约定向银行还款付息。二是长租公寓运营机构联合第三方机构推出的"租金贷"。房东将住房托管给长租公寓运营机构，运营机构可以获得贷款机构发放的贷款，租客按月向贷款机构还款，房东按照与长租公寓运营机构之间的协议收取租金。三是长租公寓的托管机构或中介机构联合网贷平台推出的"租金贷"。这种模式下，往往是租客不知情地签订了借款协议，租客每月向网贷平台还贷，而托管机构或中介机构获取贷款并将资金挪作他用。市场上出现的"租金贷"爆仓问题，基本都属于这一模式。

作为一种支持住房租赁消费的金融服务，住房租赁信贷产品有缓

---

① 董希淼：《补齐住房租赁信贷管理短板》，中国经济网，2018年9月4日。

解租客的短期现金流压力、为长租公寓运营商提供前期装修改造所需的资金支持等积极意义。而且，相比于资产证券化市场，我国信贷市场的发展更为成熟。市场上出现的"租金贷"爆仓问题，很大程度上归因于住房租赁信贷监管的缺位。韩国住房市场中比较成熟的 Jeonse 租赁住房①的租金支付方式就与"租金贷"很相似。因此，为推动住房租赁市场特别是长租公寓市场长远发展，现阶段鼓励住房租赁信贷产品的良性创新仍是一个重要的金融政策选择。同时，要加强对住房租赁信贷的监管，如规范住房租赁信贷发放主体和申请主体，对住房租赁信贷资金使用用途进行监管，要求使用租赁信贷的企业提供第三方的信用担保或保险，既抑制它们对信贷资金的滥用，同时也在企业运营出现问题时，保证房东和租客的利益不会受到影响。

（二）积极发展住房租赁资产证券化产品

资产证券化是指将缺乏流动性但具有稳定的未来预期现金收入的资产，通过一定的资产结构安排和金融手段处理，转变成为在金融市场上可以流通的证券，从而实现融资目的的过程。资产证券化是金融领域的一项重大创新，也是我国金融市场一直鼓励发展的。

2018 年证监会和住建部发布《关于推进住房租赁资产证券化相关工作的通知》（简称《通知》），进一步推动了资产证券化的发展。《通知》指出，"住房租赁资产证券化，有助于盘活住房租赁存量资产、加快资金回收、提高资金使用效率，引导社会资金参与住房租赁市场建设；有利于降低住房租赁企业的杠杆率，服务行业供给侧结构性改革，促进形成金融和房地产的良性循环；可丰富资本市场产品供给，提供中等风险、中等收益的投资品种，满足投资者多元化的投资需求"，并明确了"重点支持住房租赁企业发行以其持有不动产物业

---

① Jeonse 是韩国公寓的一种租赁方式。租房人向房东一次性支付一笔保证金，通常为住房总价的 30%～80%，在合同期内不需要每月支付房租。合同到期后，房东将保证金全额退还。

作为底层资产的权益类资产证券化产品，积极推动多类型具有债权性质的资产证券化产品，试点发行房地产投资信托基金（REITs）"。可见，住房租赁资产证券化是未来的一个发展方向。

不同类型的长租公寓对资产证券化产品有不同的要求。对于运营型长租公寓企业而言，适宜选择基于租金收益权的资产证券化产品。租金收益权资产证券化的基础资产并非底层资产的租金，而是基于底层资产抵押的信托受益权。长租公寓运营机构可以通过资产证券化获得未来的收益，从而可以更好地投资于老破旧存量房的改造，增加租赁住房供给、提升租客的居住品质。

对于持有型长租公寓企业，近年来租金收益权资产证券化、类REITs等产品都得到实践发行，但公募型的标准REITs尚未落地。然而，只有公募型的标准REITs才能将流动性较差的房地产分割为较小的投资单元，降低房地产投资的门槛，实现"丰富资本市场产品供给，提供中等风险、中等收益的投资品种，满足投资者多元化的投资需求"的目标。目前国内发行标准REITs尚有法律法规不健全、税收政策缺失、监管主体不明确等瓶颈，需要尽快实现外部环境的完善。

图书在版编目(CIP)数据

住房租与买:理论决定与现实选择/任荣荣著. --北京:社会科学文献出版社,2019.6
ISBN 978-7-5201-4973-0

Ⅰ.①住… Ⅱ.①任… Ⅲ.①住宅-选购-研究-中国②住宅-租赁-研究-中国 Ⅳ.①F299.233.5

中国版本图书馆CIP数据核字(2019)第110701号

住房租与买:理论决定与现实选择

著 者 / 任荣荣
出 版 人 / 谢寿光
组稿编辑 / 恽 薇
责任编辑 / 田 康
出 版 / 社会科学文献出版社·经济与管理分社 (010)59367226 地址:北京市北三环中路甲29号院华龙大厦 邮编:100029 网址:www.ssap.com.cn
发 行 / 市场营销中心 (010)59367081 59367083
印 装 / 三河市龙林印务有限公司
规 格 / 开 本:787mm×1092mm 1/16 印 张:11.5 字 数:164千字
版 次 / 2019年6月第1版 2019年6月第1次印刷
书 号 / ISBN 978-7-5201-4973-0
定 价 / 78.00元

本书如有印装质量问题,请与读者服务中心(010-59367028)联系

▲ 版权所有 翻印必究